행복한 결혼 생활에서 중요한 것은
서로 얼마나 잘 맞는가 보다
다른 점을 어떻게 극복해 나가느냐에 있다.

결혼없는 동거시대

초판 1쇄 인쇄	2021년 12월 27일
초판 1쇄 발행	2021년 12월 30일
지은이	노중평
발행인	이헌숙
디자인	(주)휴먼컬처아리랑 디자인팀
편집	(주)휴먼컬처아리랑 편집팀
교정·교열	김건아
주소	경기도 양평군 옥천면 용천로 37
문의	•TEL 070-8866-2220 •FAX 02) 784-4111
이메일	thethinkbook@naver.com
홈페이지	www.휴먼컬처아리랑.kr
발행처	생각쉼표 & (주)휴먼컬처아리랑
출판 등록	제 2009-000008호
등록 일자	2009년 12월 29일
등록 번호	132-81-87282
ISBN	979-11-6537-167-8 (93300)

- 이 책은 생각쉼표 & (주)휴먼컬처아리랑과 저작권자의 계약에 의해 출판된 것이므로, 무단 전재 및 유포, 공유, 복제를 금합니다.
- 이 책 내용의 전부 또는 일부를 이용하려면 반드시 저작자와 생각쉼표 & (주)휴먼컬처아리랑 서면 동의를 받아야 합니다.
- 잘못 만들어진 책은 판매처에서 교환해 드립니다.

결혼 없는 동거시대

(주)휴먼컬쳐아리랑

Contents

프롤로그   06

I. 결혼   11
1. 시대의 결혼, 현대 한국의 결혼 역사
2. 결혼하지 않으려고 하는 비혼자의 당당한 이유
3. 연애만을 하면서 혼자서 스펙을 쌓아가며 살 수 있을까!
4. 결혼하는 이유와 결혼하지 않는 이유
5. 100세 장수 시대와 비혼자 사냥꾼

II. 통성결혼(通性結婚), 불통성결혼(不通性結婚)과 유전적 연대   65
1. 결혼과 가족
2. 2세에 대한 기대
3. 나와 부모
4. 후회하는 결혼과 실수하는 결혼

III. 재혼   109
1. 반복되는 결혼
2. 가족은 꼭 이루어야 하나!
3. 졸혼의 출현과 이혼의 완화
4. 결혼, 왜 이성 간에 결혼하지 못하는가?

IV. 혼자여서 좋다　　　　　　　　　　　　　　　149
1. 날개 단 미혼
2. 비혼과 동거
3. 비혼 출산의 미래
4. 결혼을 퇴장시킨, 독신주의자

V. 결혼 시대의 마감　　　　　　　　　　　　　181
1. 미래예측을 위하여
2. 국민이 행복한 나라
3. 국가의 발전과 오늘
4. 결혼 시대의 마감

참고자료　　　　　　　　　　　　　　　　　　221

프롤로그

최근 통계에 따르면, 32년 만에 서울 인구가 1,000만 명 밑으로 추락했다. 경기도 정주인구(定住人口)는 감소하고 생활인구(生活人口)는 증가하였다.

개인은 경제에 유능한 사람이 있고, 무능한 사람도 있으므로 경제에 무능한 자는 경제적 부담을 덜기 위하여 부양가족 없이 혼자 살아간다. 1인 가구는 줄어들지 않고 늘어가고 있다. 1인 가구는 단독(單獨) 생활자들인 비혼자, 미혼자, 독거자, 졸혼자, 여기에 추가하여 무혼자(無婚者)와 사혼자(死婚者)로 구성되어 있다.

이들이 당하는 생활의 어려움은 앞으로 국가운영에 장애 요인이 될 것이다. 그 부작용으로 소비인구가 줄고, 그 소비인구가 줄면 소상공인 매출의 동반하락(同伴下落)으로 이어지고, 이런 악순환(惡循環)

이 반복될 것이다.

　　인구 감소에 둔감한 국민과 정책당국자의 늑장 대처가 사회적 문제를 만들고 있다. 급속히 증가하는 고령인구(高齡人口)와 비혼무출산(非婚無出産)에 대한 인식부재(認識不在)에 대응하는 대안(代案)을 내놓아야 한다. 인구 감소에 따른 대안을 국가에서 마련하지 못한 상태에서, 결혼을 앞둔 청년들의 불안은 커질 것이다.

　　앞으로 인구 감소와 비혼자의 출산 없음이 어떤 방향성을 갖게 될지 예측하기 힘들다. 젊은이들은 잘나가는 대기업에 취직하기 힘들고, 중견기업과 중소기업에 대한 젊은이들의 낮은 선호도를 개선하지 못하여 일자리가 개점휴업상태 있거나, 아예 사라져가는 현실에서 비혼자는 한국에 유입되는 외국 인재들과도 경쟁해야 한다.

인구 감소로 인한 국가 경제 역시 빠르게 추락하고 있어, 이에 따른 부작용이 국가위기(國家危機)로 나타난다. 이러한 국가적 위기상황을 개인과 사회 구성원이 메타버스 시대라는 신문명 전환기에 들어서면서, 피부로 체감하기 시작했다. 오늘날, 젊은이들이 미혼, 비혼, 무혼의 어두운 터널을 통과하면서, 결혼이 무너져 결혼 시대의 종말을 맞아들이기 시작했다.

결혼의 붕괴는 결국 국가 붕괴로 가지 않을 수 없게 될 것이다. 이런 국가 현실에서 국가의 앞날을 짊어지고 가야 할 젊은이들의 희망은 없다. 오늘날 우리가 당한 비혼현상은 청년들의 소득수준으로 귀결되고 있다. 2, 30대의 가장 낮은 소득자의 결혼 비율은 6.9%인 반면, 고소득자의 결혼 비율은 82.5%에 달하는 것으로, 그 차이는 10배 이상이다. 이러한 통계만 봐도, 미혼의 탈출구인 결혼은 빈부의 격차로 인해 더욱 다가가기 어려운 것을 알 수 있다. 인류라는 공동체를 이러온 것은 결혼이라는 욕심과 사회적제도로부터 명맥을 이어왔다. 하지만 이러한 결혼을 기피하는 젊은 세대와 이를 부추기는 사회문화가 과연 바람직한 걸까?

선진국들은 4차 산업을 주류로 한 청년 결혼과 일자리 안정을 위해 필요한 교육과 기술개발 등에 국가시책의 목표를 맞추어 왔다.

그러나 우리에게 그러한 시책은 미흡한 듯 보이며, 젊은 층이 원하는 삶과 소득에 연결된 양질의 일자리는 여전히 부족하다. 그나마도 전체 인구의 평균수명(平均壽命) 연장으로 정년이 늦춰지고 있는 윗세대가 청년이 가야 할 일자리를 차지하고 있다. 이것은 미혼자들이 직장을 얻기 힘든 원인 중 하나이며, 무 직장이 점점 결혼에 대한 부담으로 가중되어, 비혼자가 증가하는 요인이 되고 있다.

결혼과 출산에 대한 개인의 가치관이 바뀌고 있고, 결혼이 꼭 필요하다고 느끼지도 못한다. 이대로 가다간 국가는 위험한 사태를 맞지 않을 수 없게 될 것이다. 국민이 사라지는 국가로 가게 되는 것이다.

인적자원이 감소하는 미래세대는 생산과 소비에 제약을 받는다. 국가가 존망의 위험에 빠지지 않도록, 국가는 젊은 여성이 능동적으로 출산에 참여할 수 있도록, 정책을 개발하여 시행해야 한다. 사라져가는 정통성과 정체성을 붙잡아 두기 위하여 출산을 장려해야 하고, 혈통(血統)이 아닌 다문화의 대가족제도를 창안하여 국가가 부흥기(復興期)를 맞을 수 있도록 해야 한다.

2021. 12. 1. 성주산(聖住山)에서 노중평

제 1장

결혼

1. 시대의 결혼, 현대 한국의 결혼 역사
2. 결혼하지 않으려고 내세우는 비혼자의 당당한 이유
3. 연애만을 하면서 혼자서 스펙을 쌓아가며 살 수 있을까!
4. 결혼하는 이유와 결혼하지 않는 이유
5. 100세 장수 시대와 비혼자 사냥꾼

결혼없는 동거시대

결혼의 변화는
산업구조와 사회상을 반영하는 매개체다.

1. 시대의 결혼, 현대 한국의 결혼 역사

우리는 결혼을 시대별로 구분 지어서 생각해 볼 필요가 있다. 상고시대의 결혼, 고대의 결혼, 근대의 결혼, 현대의 결혼풍습까지 시대를 구분하면 결혼의 역사가 어떻게 진행되어왔는지 변천사를 알 수 있다.

우선 이 담론을 현대로 국한하고 일제강점기가 시작되는 1900년대부터 추적해 보기로 한다. 이 시대의 결혼을 구습(舊習)을 이어 온 전통결혼(傳統結婚)이라고 말할 수 있다.

전통결혼에 일제가 덮쳐서 내선결혼(內鮮結婚)이 생겼다. 조선인과 일본인의 혼인 관계가 이루어진 것이다. 이런 결혼은 조선반도에 들어온 일인과 조선인 사이에서 생겼고, 일본열도로 건너간 조선인과 일본인 사이에서도 생겼다.

그들 사이에서 제2세대 자식이 태어났는데, 일제 36년의 통치 기간이 지나 조국이 일본으로부터 해방된 이후, 이들에게서 일본 국적 상실이나 한국국적 취득의 문제가 생겼다. 또 그들의 자식에게는 정체성 혼란이라는 문제가 대두되었고 이것은 모두 일제 식민통치가 미친 악영향이었다.

한국의 해방으로, 일본인 여자가 일본 신민권(臣民權)을 가진 한국 남자와 결혼하여 살다가, 부부의 국적이 바뀌어 한국 땅에 거주하게 되는 경우도 있었다.

일본 여인의 입장에서는 본의 아니게 한, 일간 국제결혼을 하게 된 경우가 되었다. 이런 경우가 바로 우리나라 근대 국제결혼의 시초이며, 요즈음 말로 다문화가정의 효시가 된 것으로 볼 수 있다.

일제로부터 해방된 이후, 1950년 북한의 남침으로 국군은 낙동강까지 밀려, 나라가 풍전등화(風前燈火)의 암울한 길을 가고 있을 때, UN 16개 회원국이 참전한 이 전쟁에서, 한국여자들의 수난기가 시작되었다. 이때 이국인(異國人)의 현지처(現地妻)로 불리게 된 많은 여자는 국제결혼으로 미국의 국적(國籍)을 취득하여 한국 땅을 떠나지 않을 수 없었다. 또 많은 전쟁고아가 한국을 떠나 외국으로 인종이 다른 새 부모를 찾아가야 하였다. 한국인의 혈통에 대혼란이 온 것이다.

요즈음은 대한민국이 산업화로 IT 강국이 되었고, 국력이 신장하여 후진국들이 선망하는 선진국이 되었다. 외국에서 남녀가 한국인의 결혼이민으로 한국 농촌에 들어와 정착하면서, 많은 수의 다문화가정(多文化家庭)이 만들어졌고, 그들의 2세가 출생하여 국군에 복무하는 것이 국가적 현실이 되었다.

우리 시대의 전통적인 결혼문화는 역사의 뒤안길로 사라져가고 있고, 오늘날 결혼문화는 빠르게 변하고 있다.

결혼문화에 대한 국민의 의식과 형식의 변화는 동서양을 불문하고 매우 중요한 의미를 갖는다. 의식이 변하기 때문에 형식이 따라 변했다. 전통혼례에서 순수 우리 것을 추구하던 정신과 법도는 사라지고, 자본주의 사회의 형식을 도입하여 간소화되었다. 단일민족이라는 혈통 승계의 의미도 사라지거나 약화되었다.

우리 역사에서 개화기를 맞게 되기 전까지, 한국의 결혼문화는 가정에서 부모가 중심이 되어 결정하는 가장 중요한 일로, 당사자 간의사결정은 무시되거나 반영이 되더라도 최소한도에 그쳤다. 과거의 결혼식은 사회적으로 공인받기 위한 의식이자 집안의 최대 경사였다. 오늘날의 연애와 결혼 방식이 과거와 대비되는 모습은 순애보 사랑과는 거리가 있다.

1940년, 그 무렵의 사건 사고를 보면 자살이나 정사로 분류되는 기사가 넘쳐날 정도로 남녀 간의 연애사가 유행이었다. 오늘날과 달리 당시 죽기 살기로 연애하는 경우가 많았다. 이런 사회적 현상은 정사(情死) 사건으로 취급되었지만, 지금 우리의 자유연애 시대를 열어준 시작이었다.

농경시대의 결혼에는 인간의 근원적인 정서가 있었다. 결혼은 결혼 당사자는 물론이고 양가도 구속하였다. 그래서 출가외인(出嫁外人)이라는 말이 생긴 것이다. 사회적 구속력을 가지고 있는 결혼은 청춘 남녀를 동반자살(同伴自殺)하게 부추겼다. 자살자들은 죽음을 두려워하지 않았다. 젊은이들을 자살로 내몬 것은 가부장제(家父長制)도의 극치였다. 인간은 누구나 죽음까지 함께 할 사랑을 한번 해보고 싶다는 생각을 하지만, 그런 인연은 쉽게 만나지 못한다.

1926년 8월에 있었던 김우진과 윤심덕의 사랑과 죽음은 오늘날까지 사랑의 찬미로 회자되어 오고 있다. 지금은 상상할 수 없는 애절한 신여성의 사랑 노래가 우리나라 최초 음반 판매율 10만 장을 돌파할 만큼 전례 없는 일이었다.

절세 기생 강명화의 음독자살은 또 어떠한가! 부호의 아들 장병천을 사랑한 강명화는 비록 기생이지만, 한 남성을 사랑하기 위해 스스로 손가락을 잘랐고 결국, 그녀가 사랑하는 남자 장병천의 품에서 죽음을 맞았다. 이 사건은 한국을 떠들썩하게 했던 열애 사건이었다.

그 당시 여성에게 권력이 전혀 없었던 것은 아니다. 주로 높은 신분과 재산을 따라 간 소수의 여성 권력이 존재했다. 그러나 부계사회인 우리나라에서 여성에 대한 안전망을 스스로 가질 수 없었기에 상대적으로 강한 남성의 그늘 아래 존재했다. 결국, 여성에게는 자신의 생존을 남편으로부터 보호받고 권력과 재산을 지키고자 결혼이라는 가장 효과적인 선택을 한 것이었다.

어느 시대든 여자보다 무능한 남자가 항상 존재했다. 가장으로 역할을 하지 못하는 아버지나 오빠를 대신해 권번(券番)에 팔려 노리개가 된 몸으로, 만석꾼에게 한 번 더 팔려가야만 했던 시대도 있었다. 이와는 반대의 경우도 있었다. 심순애와 이수일의 경우와 같은 경우도 있었던 것이다. 오로지 목숨을 유지하기 위해 무엇이든 해야 했던 시대, 이정도는 그래도 깨인 여성에 속했다.

이때도 이혼이 있었다. 사랑이 아니면 결혼하지 않는다는 정조 관념이 있는가 하면, 부모가 강요한 정략결혼도 있었다. 이렇다 보니 신여성과 남성의 차이는 권리를 갖는 자와 갖지 못하는 자로 구분되었다.

결혼하고 평생 함께 사는 것이 당연한 정설이었던 때, 이혼을 처음 시도했던 신여성 김봉자와 경성제대를 졸업한 유부남 의사 노병운의 비극적인 사랑이야기는 근대사에 새로운 인식을 주었다. 이혼은 스스로 선택한 결혼이 아닌 사회에서 억압받던 한국 여성들의 출구로 작용했고, 서로 간의 차이를 극복하지 못하는 세대의 이혼이 증가하기 시작했다. 지금이야 이혼이라는 단어를 쉽게 사용하지만, 그 당시 이혼은 사회적으로 매장되는 죽음과 같았다.

남자와 여자가 엄연히 구분되던 시대, 새로운 문물에 따르는 연애 사조는 일본 유학생이 늘어나면서 더욱 빠르게 변천사를 맞았다. 이들이 가족을 떠나 있는 동안의 큰 외로움과 청춘남녀들의 연애감정은 결혼으로 정착시키기에 충분했다. 이로 인한 가족의 반대는 과거와 달라진 절대복종에 대한 반항으로 그 대가는 자기희생이었다. 이 시기 결혼문화에 어떠한 변화가 일어났는지 충분히 짐작할 수 있다.

일제강점기 자유연애는 가문과 재산, 교육 정도에 따라 많은 차이를 보였다. 대부분 여성의 선택권과 자립은 전무 했고, 대부분 부모나 남편으로부터 보호를 받았다.

당시의 실제 연애 사례에서 볼 수 있듯, 젊은 청춘들의 연애는 부모나 가족의 영향력에서 어느 정도 벗어나고 있는 시대로 보인다. 이렇듯 사회제도이자 가문의 대를 위하여 존재했던 결혼제도는 연애 당사자의 주체적 행동으로 영향을 받아 가족제도의 과도기를 겪으며, 변화되고 느슨해졌다.

일제 군국주의 지배체제가 굳혀지면서 새로운 문화가 들어오고, 진보적인 사상이 유입되는 분위기의 사회와도 무관하지 않았다. 이성교제는 늘어났으며 중매라는 결혼 과정에서의 맞선 도입이 뚜렷해졌다. 그 이전에는 맞선이 아니라 누구에 여식이나 아들로 봤다면, 점점 결혼 당사자의 선택이나 주장에 힘이 실리기 시작했다. 결혼은 무엇보다 사회의 경제 현상과 밀접한 연관 갖는 만큼, 오늘날 결혼문화와 같은 물질 만능으로 대표되기까지 변화하는 데 채 100년 걸리지 않았다.

개화기에 함께 들어온 서양의 결혼문화는 종교적 관여도가 높은 '의상'에서 먼저 시작되었다. 당사자의 의사와 무관했던 결혼식의 퍼포먼스가 베일에 가려진 한복에 면사포를 쓰거나 서양 웨딩드레스를 입는 혼용된 구조였다면, 이 과도기에서는 대부분 서양식의 드레스를 입고 결혼의식을 치르게 되었다. 이른바 종교에서 시작된 서양 결혼식에서 오늘의 결혼문화가 정착되었다.

　우리의 아름다운 전통혼례를 뒤로하고 경제선진국 즉, 잘사는 서양의 문화를 따르는 결혼식이 종교와 상관없이 정착된 것이다. 이는 우리뿐만이 아니라 전 세계인에게 인식되어 보편화 되었다.
　이처럼 결혼식의 변화는 산업구조와 사회상을 반영하는 매개체로 해석할 수 있다. 이는 외형적인 편리와 예식에서 볼 수 있는 아름다움이 감성을 자극하는 의미에서 변화를 가져왔다.
　1960년대 상업적인 전문 예식장이 등장하면서 다변화하는 사회 속에서 결혼식 절차는 간소화되었다. 결혼식은 상업적으로 변질되었고 진정한 축복과 전통혼례는 전문 예식장에 의해 상품화되었다. 여기에는 개인 성향에 맞추어졌고, 이때부터 결혼은 문화산업 분야로 구분되기 시작했다.
　이처럼 보여주는 결혼식에 큰 의미가 두어지면서 그 과정은 분업화된 사진, 신혼여행, 음식, 숙박, 의상 등 경제 사회로 확대되어, 결혼식이 하나의 산업으로 팽창했다.

결혼식이 상품으로 떠오르면서 자신만의 특별한 결혼식을 꿈꾸는 청춘 남녀의 로망이 되었다. 누구든 한 번쯤 영화 속 주인공이 치르는 결혼식이 되기를 기대했다. 평생에 한 번이라는 생각에 사로잡혀, 평범한 결혼식은 가라고 외치며, 특별한 의식을 꿈꾸었다.

독특한 방식의 결혼식들은 스카이다이빙 결혼식이나 동굴결혼식, 바닷속 결혼식, 스키 결혼식까지 등장하면서 개인을 넘어 국가의 관광 상품으로 경제 효과를 누리고 있다. 각종 형태의 결혼식이 이목을 끌면서 주인공들은 사랑을 과시한다. 지나치게 형식적이고 의례적이었던 전통결혼식을 깨고 치르게 되는 신세대 결혼은 새롭게 탄생 되었다. 누가 뭐라 해도 예식은 당사자의 것으로 둘이 만나 잘살겠다는 취지만을 살린다면, 그것으로 족하다고 생각된다. 그러나 각양각색으로 시도되는 결혼식은 신조어만큼이나 빠른 변화를 맞았다.

결혼식에서 주례가 사라지고 식순도 전통적인 예를 한참 벗어났다. 부모를 비롯한 가족의 관여도가 낮아지면서 결혼식은 이벤트성 즐거움을 기대하는 결혼식으로 발전하였다. 이것은 오로지 둘만의 세상을 새롭게 만들어 가려는 시도로 보인다.

결혼식의 의미는 퇴색되어, 이제는 결혼 전 동거도 쉽게 받아들이고 있다. 혼전 동거란 절대 있을 수 없었던 시대, 여성의 합법적인 결혼을 벗어난 성행위는 사회적 비난을 당하던 때가 있었다. 지금은 아무도 이러쿵저러쿵 하는 시대는 지나갔다. 이제 백년해로(百年偕老)라는 말은 무색해지고, 서로 싫으면 언제라도 쉽게 헤어진다. 그 책임이 누구에게 있든 문중을 위하여 지켜오던 예절도 사라지고 있다.

사랑이라는 의미마저 퇴색되어 가고 있는 오늘의 실상은 결혼이라는 제도에 경종을 울린다. 과거엔 결혼이 반드시 해야 하는 필수였으나, 지금은 해도 그만이고 안 해도 그만인 선택이 되었다. 대다 수의 국민이 결혼에 흥미를 잃게 된다면, 아마 인구가 줄어들다가, 결혼은 영원히 사라질지도 모른다. 따라서 전통적인 가족이 붕괴되고, 인구 감소로 국가 경제가 퇴보하면, 국가는 위기로 내몰리게 될 것이다.

헤겔은 "가족을 불안정한 감정으로 제도화했다."고 했고, 마르크스는 "가족을 자본주의의 재생산 기제로서 생각한다."고 했다. 개인마다 가족에 대하여 다른 생각을 가질 수 있을 것이다. 알튀세르는 "가족은 개인을 재생산의 주체"라고 말했다.

오늘날 결혼이 이익을 얻으려는 수단으로 바뀌면서, 사랑이 음모로 변하여, 예쁜 가면을 쓰고 나타나게 되었다. 사랑으로 불리는 가면무도회(假面舞蹈會)에 걸리면, 마음이 인질로 잡혀, 부부는 간통을 일삼다가 이혼에 이르는 불행에 빠지고 만다. 요즈음 사람들은 너 나

없이 참을성이 부족하다. 부부 사이에 심신이 조금만 불편해도 이혼을 꿈꾼다.

아동보호 시설에 맡겨지는 자녀들이 늘어나고, 해외 입양아들이 설 곳을 찾지 못해 국제 고아로 전락한다. 아직 성장해야 할 나이에 아이들이 버려진다. 개중에는 부모가 사고를 당하여 갑작스럽게 사별(死別)하는 수도 있다. 부모를 잃은 아이들은 결손가정(缺損家庭)이라는 딱지가 붙어, 황량하고 슬프고 고통스러운 시간대로 추방당한다.

전통적으로 인생의 통과의례(通過儀禮)였던 결혼은 오늘날 선택 사항으로 격하되면서, 결혼을 선택한 개인에게 보호막이 되어 주지 못하고 있다. 아무리 나이가 많아도 결혼을 하지 않은 사람을 어른으로 인정하지 않았던 시대의 가치관을 우리는 다시 생각해 봐야 할 때가 되었다.

결혼이라는 관계는 한번 맺어지면 뗄 수 없는 관계이며, 최선을 다해 서로가 떨어지지 않도록 노력했던 옛날로 돌아갔으면 좋겠다는 생각을 한다. 결혼이 선택사항이 된 시대적 반영으로, 이혼, 비혼(非婚), 동거와 독신하는 인구가 증가하고 있다. 과거에는 상상할 수 없었던 것들이다.

사람들은 "왜 결혼하는가?"라는 질문에 대해 '사랑하니까', '인생의 함께할 동반자를 찾았기 때문에', '보다 안정된 삶을 살기 위해' '그리고 노후 인생을 담보하기 위해' 라고 그럴듯한 대답을 하였다. 그러나 지금 이런 대답은 믿기 힘든 대답이 되었다.
　전문가들은 결혼에 실패하는 이유에 대하여, 진실성 없는 사랑으로 맺어졌고, 결혼에 대한 동기가 바르지 못하거나, 이기적인 목적으로 한 결혼을 원인으로 본다.

　결혼하려는 자들은 어떠한 동기로 결혼을 선택하려고 하는지 자신에게 묻고, 자신이 꿈꾸는 결혼생활의 각오를 다져야 한다. 연애는 결혼과 동시에 끝난다. 결혼생활이 어떤 것인지 깨달았으면, 최종 결정은 자신이 해야 하고, 그 결정에 대하여 책임져야 한다.

　인간의 존재 이유의 하나인 결혼은, 사랑과 진실을 최고의 가치로 삼아야 한다. 결코, 사랑과 진실이 잡다한 시대적 요구에 밀려 희생되어서는 아니 된다. 그러나 우리의 현실은 결혼이 경제에 후 순위로 밀리고 있다. 결혼이 경제보다 선 순위에 있음을 잊지 말아야 한다.

2. 결혼하지 않으려고 하는 비혼자의 당당한 이유

　　결혼하지 않고 사는 사람들을 비혼 세대라고 말하는데, 이 말은 우리보다 일본에서 먼저 쓰기 시작했다. 비혼은 결혼하지 않는다는 뜻이다. 그래서 비혼주의(非婚主義)라는 말이 생겼다. 비혼은 인권을 억압당하고 성을 농락당하는 여성을 해방하기 위하여 가족을 해체해야 한다고 주장하고 나선 페미니스트(Feminist)들의 주장 속에 들어있는 슬로건이다.

　　비혼은 인생의 종착역에 진입하여 실버세대로 불리게 된 노인들에게는 어이없고 황당하기 짝이 없는 말이다. 국가의 입장에서도 어이없는 것은 마찬가지일 것이다.

통계청은 2020년 혼인 건수를 21만4천 건으로 발표하였다.
전년보다 2만6천 건 10.6% 줄어들었다. 비혼 남녀의 증가뿐만 아니라, 나 홀로의 세대도 상당수가 증가하였다. 통계청은 나 홀로의 세대의 인구비율이 30.2% 늘어났다고 발표하였다.

여기에서 비혼과 미혼을 구분할 필요가 생기는데, 비혼은 결혼하지 않겠다는 주장이고, 미혼은 이런저런 이유로 결혼을 하진 못했지만, 아직 결혼할 의사가 있다는 말이다. 문제는 비혼주의자로서 페미니스트들이 기혼자를 불가촉천민(不可觸賤民)으로 보는 것에 있다. 이런 사회학적 사시적(斜視的) 현상은 역사 현장에서 은퇴자가 된 실버들로선 망국적(亡國的) 현상으로 보지 않을 수 없다.

지금은 연애(戀愛)에 안주하기 위하여 결혼을 인생에서 퇴장시킨 시대로 볼 수 있다. 결혼을 배척하고 연애만으로 살겠다고 결심한 남녀들이 도시와 농촌에 넘쳐나기 시작한 오늘날, 1인 가구(家口)가 빠르게 증가하리라는 것은 이미 예상했던 대로다. 인생을 즐기다가 결혼하겠다고 결혼을 유예(猶豫)하는 만혼파(晚婚派)들이 늘어가는 것은 그러한 이유 때문이다.

　그들이 인구 증산(增産)을 넉다운 시키려고 카운터펀치를 날리며 기세(氣勢)등등하게 버티는 이유는 무엇일까?

　그 이유는 개인주의(個人主義)와 자유주의(自由主義)의 팽배와 만연에 있다고 볼 수 있다. 개인주의적이고 자유주의적인 인간에게서 찾아볼 수 있는 것은 공동체의식(共同體意識)이나 사회성의 결여(缺如)다.

　그들은 자신이 결혼해서 이득(利得)이 되는 점을 찾지 못해, 결혼이 자신의 자유를 속박(束縛)하고 귀찮게 한다고 생각한다. 또 결혼생활의 불편함과 가족에 대한 부양의무 등도 짐이 된다고 생각한다.

　그들 중엔 연애가 보장된다면 결혼은 늦게 아무 때나 해도 좋다는 자유주의적인 생각을 하는 자들도 있다.

　1992년 일본 총리공보실 여론조사에 따르면, 자유주의적인 결혼관을 가진 일본의 젊은 여성의 찬성이 66%, 남성이 58%였지만, 그로부터 5년 후인 1997년에는 여성 74%, 남성 66%로, 각각 10% 가까이 증가하였음을 볼 수 있다. 그들은 독신생활(獨身生活)의 이점(利點)에 대해서도 70%나 독신생활이 편안하다고 생각하고 있었다.

　독신생활에는 미혼 독신 이외에 이혼독신(離婚獨身)이 있다. 이들이야말로 연애 시대를 구가(謳歌)할 수 있도록 자유가 주어진 사람들이다. 그들 중에서 누군가 마음에 드는 연애 상대를 만나면 로또 맞듯이 대박이 나겠지만, 또 먼저 헤어진 상대와 같은 악마를 또 다시 만나게 될지 모른다는 두려움을 가지고 있기도 하다.

행복한 결혼을 위해 결혼 전에 알아야 할 조건은 경험해 보지 않아도 가족이나 친구나 책을 통해 얼마든지 알 수 있다. 그렇다면 책을 통해서 온갖 지혜와 방법을 알고 난 다음에, 책이 알려주는 대로 실행하면 되는 것일까? 이러한 준비로 결혼에 성공할 수 있을까? 그것은 절대 불가능 한 일이다.

결혼이라는 자체가 개인이 가족과 혈연으로 연결되어 있어, 어느 누구도 결혼 이후에 닥치게 될 자신의 운명을 예측하지 못한다. 예기치 않은 변수가 도사리고 있기 때문이다.
아마 기혼자들은 이미 알고 있을 것이다. 자신이 상대방이 진절머리 치게 될 온갖 결점들을 다 버리지 않는다면 성공적인 결혼생활은 불가능한 것임을 말이다. 결혼하고 함께 생활해 나가는 도중에 사랑놀이의 주인공은 성자(聖者)가 되고, 부자가 되고, 착한 사람이 되고, 상대가 원하는 사람이 되어야 한다는 것을 깨닫게 될 것이다. 그렇게 하지 않는 한 결혼에서 행복을 찾아낼 수 없을 것이다.
사랑하지만 상대를 위하는 것에 한계를 느끼고, 스스로가 타고난 본성들은 과부하가 걸려 신음하게 되고, 곧 고통 소리가 새어 나오는 것을 보지 않을 수 없게 된다. 더 큰 문제는 나를 사랑한다던 상대방은 내게서 나온 소리와 비명에 대하여 별로 관심을 보이지 않는다는 것이다. 서로가 상대에게서 버리기를 바라는 것을 아무것도 양보하려 하지 않는다. 그런 자신을 이해하려 하지도 않는다. 나는 내가 버리지 못하는 이기심의 덫에서 빠져나오지 못하고, 넘어져 파국을 맞는다.

개인의 이기심 이외에도 결혼생활의 덫에 걸려 넘어지게 하는 것은 많다. 성격의 미묘한 차이, 처음 내게 보여주는 이상스러운 습관, 무분별한 욕심, 나를 지배하려는 자존심, 자기중심주의(自己中心主義) 등 인간을 항상 따라다니는 것이 결혼생활을 지치게 한다.

어느 정도 세월이 지나면, 그가 타고난 바람기가 발동하기 시작한다. 즉 우리의 집단 무의식 속에 숨어있던 최고조상(最古祖上)의 유전인자인 정자결핍증(精子缺乏症)이 고개를 들기 시작하는 것이다. 바람기는 인간이 타고난 본성이다. 이것을 극기(克己)하는 사람이 있는가 하면 극기하지 못하는 사람도 있다.

이제부터 부부가 자신의 탈선(脫線)과 불륜(不倫)과 외도(外道)가 사소한 부주의나 실수로 외부로 나타나기 시작해, 실수로 나타난 부정이 배우자에게 알려져, 두 사람은 이혼(離婚)을 생각하지 않을 수 없는 순간이 찾아오기도 한다. 그러나 여러 복합적인 이유로 졸혼을 합의하기도 한다. 졸혼은 오늘날의 사회현상이다.

인성이 타락한 사람들은 정신이 멀쩡한 배우자를 정신이상자로 몰아 정신병원에 감금하기도 한다.

동양철학에서 인간에게 있어 4라는 숫자를 완성수(完成數)라고 말한다. 한자로 국(口)+팔(八)이 사(四)가 되는데, 나라가 나의 팔괘방위(八卦方位)를 지켜준다는 뜻이다. 인생 50세 시대엔 50년을 한평생으로 보았다. 그가 세상에 태어나서 살아온 40년 동안의 삶을 완성한 삶으로 볼 수 있다. 나머지 10년은 그에게 덤으로 주어진 인생이다. 인생 나이 50을 넘겨 60에 이르면, 이를 회갑(回甲)이라 하고 회갑축하잔치를 벌인다.

이렇게 제1차 인생이 완성되면 그가 살아온 삶의 대가(代價)를 치를 각오해야 한다. 그 대가가 사별(死別)이나 이혼이다. 그러나 천우신조(天佑神助)로 다행스럽게 사별이나 이혼의 위기를 넘겼다면, 다음 제2차 위기가 2차 인생이 완성되는 80세 때 또 찾아온다고 보고, 이 제2차 재난에 대비해야 한다. 이러한 재난은 자신에게만 오는 것이 아니다. 조상의 집단무의식을 유전인자로 물려받은 모든 동족(同

族)에게 다 같이 온다.

　우리나라의 초혼연령은 계속 높아져 간다. 조선 시대에는 10대에서부터 20대 초반이 초혼 연령이었다. 이제는 30대까지 혼자 살아도 주변에서 이상하게 생각하지 않는다. 40이 넘어서면 주변에서는 무언가 부족한 사람이 아닌가 하고 의구심을 갖기 시작한다. 저 사람은 결혼을 안 하는 사람인가, 왜 결혼을 하지 않는가, 비혼자인가, 하고 조심스럽게 물어볼 수도 있다.

　가족 구성의 시작점인 결혼연령이 되면, 자녀를 낳을 것인가 말 것인가를 결정해야 한다. 당연히 결혼제도를 받아들여 통과의례를 거쳤다면, 이제는 자식을 낳게 되는 시기에 진입한 것이다. 몇 명의 자녀를 둘 것인가 등 인생의 중대 결정을 하는 시기가 바로 결혼 후이다.

　최근 한국 사회의 큰 변화는 결혼으로 작은 혈연공동체를 이루던 전통이 사라지기 시작했고, 결혼하지 않아 생기게 된 1인가구가 출현했다는 점이다. 이들은 가족구성에는 전혀 관심 없이 화려한 싱글로 비현실적이 이상을 추구하는 맹랑한 자들이 된 것이다. 이렇게 비혼으로 인해 국가 산업 기반을 흔들리게 하고 패망(敗亡)으로 치닫게 하는 원인이 되었다.

미혼자들이 반드시 결혼하지 않고도 안정적인 생활을 할수 있는 동거 문화가 확산되고 있다. 여기에는 복잡하게 얽혀 있는 관족 관계보다 단순한 생활로 먹고, 마시고, 즐기며 시간을 향락으로 낭비하는 것에 누구도 반론을 제기하지 않는다. 나라가 망하든 가정이 해체되든 나 몰라라 하며 우리는 살고 있다.

　　이들은 홀가분하게 1인 가구로 살아가는 골드족이 되기를 선망하지만, 실상 골드족이 되는 것은 그리 녹록하지 않다. 비혼의 화려한 골드 족이면 좋겠다는 생각은 물질만능주의 폐단이자 이기주의적 발상일 뿐이다. 비혼은 가정이 주는 장점을 누리지 못한다. 구시대의 유산인 정을 느끼며 살 수 없는 것이다.

　　한 연구에 따르면, 1인 가구는 전문직 골드세대로 노동시장에 편입되지 못하는 '산업예비군'에 포진되어 있고, 가족해체나 중장년 실업 요인의 중첩 등으로 '불안한 독신자'그룹으로 분류된 고령화 실버세대로 나눠진다. 또 골드세대보다 다른 집단 대부분은 빈곤과 사회적 고립의 특징을 가지고 있다. 이들에 대한 개념을 한마디 말로 요약한다면 무혼자(無婚者)들이다.

　　비혼가구(非婚家口)로 구분되는 20~40세의 근로 빈곤율과 실업

률은 다인가구(多人家口)보다 높으며 월세비중(月貰比重)도 50% 이상으로, 다른 연령층보다 높은 상승세를 보인다. 이들의 주거에 대한 불안감이 클 수밖에 없는 이유에 그들이 사회상실(社會喪失)과 가족상실(家族喪失)로 전락할 위험이 있다는 데에 있다. 젊은 1인 가구는 '화려한 싱글'이 아니라 일자리와 사회적 관계 등에서 불안한 심리상태를 지니고 있으며, 비혼이 가족을 꾸리려고 하지 않는 데도 불안한 심리상태가 원인이라는 이유가 있다.

비혼선택은 결혼하지 않기 위하여 하는 비혼선택과 결혼할 능력이 없어서 비혼을 선택할 수밖에 없어서 하는 비혼선택도 있다. 이 시대 청춘들에게 비혼선택으로 나타나는 공통된 문제는 자신의 운명을 쥐고 있는 취업을 자신이 결정하기 힘들다는 문제와 천정부지(天頂不知)로 치솟는 집값에 자신이 접근이 불가(不可)하다는 문제로, 자신의 인생이 이 사회의 바닥을 기고 있다고 자각하지 않을 수 없게 된다는 것이다.

이들이 연애를 한다면 어떤 고상한 연애를 할 수 있을까? 이 나라의 최고위층에 속하는 대통령의 딸이나 아들, 재벌가의 딸이나 아들과 연애할 수 있을까? 아마 그건 불가능할 것이다. 세상의 이치는 유유상종(類類相從)이다. 비슷비슷한 것들끼리 만나게 되어 있다. 지금은 이러한 것을 선진국형(先進國型)이라고 말할 수 있다.

　우리나라에서의 비혼은 비자발적(非自發的) 비혼의 비율이 훨씬 크다고 말할 수 있다. 비혼사유(非婚事由)의 70% 이상이 구직(求職) 자체가 힘들다는 것과, 구혼(求婚) 자체가 힘들다는 데에 있다. 그리고 30~40대의 비혼이 꼭 1인 가구 구성으로 귀결되는 것이 아니라는 점도 있다. 우리나라는 비혼출생(非婚出生)으로 세상에 태어난 자녀가 부모와 함께 사는 경우가 적지 않다.

　오늘날 우리나라의 현실은 젊은이들이 비혼이나 독신을 비자발적으로 선택하지 않을 수 없다는 데에 있다. 그 결과는 부부가 가족을 부양할 자신이 없기 때문에, 자식을 낳지 말고 둘만이 알콩 달콩 살자고 약속하지 않을 수 없다는 것이다. 인생살이에 자신이 있다면, 아마 그런 구차스런 약속을 하지 않을 것이다. 그런 약속은 돈없는 남자와 여자가 적은 돈을 주고 하루 밤을 사는 단기임대(短期賃貸)와, 돈 많은 사람이 월급이라는 명목으로 주면서 사는 장기 임대와 무엇이 다른가? 결국, 앞으로 대한민국은 국가의 이름에 걸맞지 않게 창남, 창녀 국가(娼女國家)로 전락하지 않을 수 없게 될 것이다.

　앞으로 인구가 감소해 가는 국가는 창남 창녀가 넘쳐나지 않을 수 없을 것이다. 인구 감소의 국가적 위기를 맞을 수밖에 없는 상황에 직면하게 된 것이다. 결혼하지 않으니, 출산이 당연히 없기 때문이다.

그러나 비혼이 아무리 증가추세에 있다고 해도 결혼해서 새로운 가족을 구성하는 결혼자가 아직은 비혼자보다 더 많다. 30대 비혼율은 36.3%, 기혼율은 63.7%이다.

정자은행을 통한 비혼자가 출산이 세간의 관심을 끌었다. 그 예를 보면 우리나라에서 활동하고 있는 일본인 비혼자인 후지타 사유리 씨가 혼인하지 않은 상태에서 자녀를 낳아 가족을 만들었다. 우리나라에서는 아직 용인할 수 없는 사건으로, 비혼 출산을 보고 말도 탈도 많아야 할 때이다.

올 3월 청와대 국민청원 게시판에 올라온 글이다. '비혼모 출산'을 부추기는 공중파 방영을 즉시 중단하라는 내용의 청원이다. 이글로 비혼자들이 갈채를 보냈고 유림들이 반대를 보냈다, 이러한 청원이 어떻게 정책에 반영될지 기다려보지 않을 수 없는 황당한 사건이 아닐 수 없다.

그것도 어쩔 수 없는 상황에서 자녀를 홀로 출산하여 가정이 만들어진 것이라면, 측은지심(惻隱之心)이 발동하여 인지상정(人之常情)으로 많은 사람이 동의했을 것이다. 하지만 사람들이 공감하기 힘든 사안을 가지고, 비혼자 혼자만의 결정으로, 지금까지 볼 수 없었던 의술을 빌려 임신하고 출산했다는 점에서, 이것은 문명사를 바꿀 중대 사건으로 보고 있다.

동양에서 특히 한국인들에게, 공중파로 내보낸 비혼자의 인공수정 출산 방영에 비난을 퍼붓는 현실을 보면, 반대여론이 만만치 않다는 것을 알 수 있다. 이를 보면, 우리의 결혼 문화가 얼마나 전통결혼에서 벗어났는지 알 수 있다.

후지타 사유리 씨가 언론 인터뷰에서 사회에서의 재생산권(출산 행위를 여성이 스스로 결정할 수 있는 권리)이라는 말을 했다. 이것을 신성 모독으로 받아야 할지, 여성의 권리 증진이라고 해야 할지, 연구해 볼 일이다.

비혼자의 동거가 혼외자를 출산할 수 있다는 점에서, 보통사람이 보편적으로 가지고 있는 도덕성의 파괴로 본다면, 순수 비혼자는 이성 접촉없이 혼자 사는 자다. 그래야 본의 아니게 태어나게 되는 혼외자 출산을 막을 수 있기 때문이다.

그렇다면, 도덕성의 태두리 안에서 살고자 노력해 온 순수 비혼자의 미래에서 우리는 무엇을 볼 수 있을까? 또 그의 미래에서 무엇을 보장받을 수 있는가? 우리가 볼 수 있는 것은 그가 처하게 될 경제의 풍요로움과 사회적 성공일 것이다. 계획성 있는 생활, 전망이 보이는 양질의 직업, 성공의 예감, 사회발전과 연계된 삶, 국가발전으로 세계화되는 개인적 능력자가 비혼일 때, 비혼 주장의 당위성은 인정을 받게 될 것이다.

예를 하나 들어보자. 요즈음은 K-팝이 지구를 석권하는 시대이다. 톱을 달리는 블랙 핑크의 멤버가 모두 4명인데, 한국 국적자 3명에 1명은 뉴질랜드 출생자, 다른 1명은 태국 국적자이다. 이들은 모두 2016년에 활동을 시작한 가수이기 때문에 지구 전체가 활동무대가 된다. 이들의 국적은 자국 국적을 가지고 있어서 자국의 정체성을 가지고 있지만 아울러 세계인이라는 정체성도 함께 가지고 있다.

지구에 사는 각 인종은 이들이 가지고 있는 2중의 정체성에 대하며 아무도 비난하지 않는다. 그것이 오늘날 우리가 당면한 현실이다. 또 추세 이기도 하다.

현재 이들은 26세로 미혼자가 가장 많은 MZ세대로 볼 수 있다. 앞으로 다른 비혼자들은 이들처럼 노마드로 살아가는 로망을 갖게 될 것이다.

3. 연애만을 하면서 혼자서 스펙을 쌓아가며 살 수 있을까!

현대인들이 가장 중요하게 생각하는 사랑과 연애에 관련되는 말들이 19세기 말에 일본이 서양에서 써온 개념어(概念語)를 받아들이면서 만들어졌다.

처음에는 사랑이라는 개념어가 '좋아한다'는 가벼운 의미에서, 심리적 감정과 행동으로 나타난 애정 행위 전반을 뜻하게 되었다. 연애는 사랑을 전제로 정신과 육체가 하나 되어 서로 좋아 사랑을 나누는 관계에 이른다. 하지만, 인간의 감정이 변덕스럽기 때문에 사랑에도 실증을 느껴 오래 가지 못하는 경우가 대부분이다.

오늘날 연애는 사랑의 전달과 소통에서 시작하여 감정적인 즐거움으로 이행해 간다. 사랑이 전제된 연애는 어떤 극복하기 힘든 상황에 처하게 되어도 즐겁게 헤쳐 나간다. 연애는 사랑으로 시작된 결혼의 전 단계로 볼 수 있다. 다만 결혼은 사회계약이라는 관점에서 연애와 결혼을 결부시키지 않으려는 경우가 두드러져 있다. 이런 이유로 연애 과정을 거치지 않고 성관계부터 시작하는 가면 쓴 사랑놀이가 성행하게 된다. 여기에는 희생도 책임도 따르지 않고 즐거움과 쾌락을 찾는 암·수컷의 성행위만이 있을 뿐이다. 이런 무분별한 행위가 사회문제를 야기한다. 사회문제로 나타나는 것이 미혼모의 증가와 늘어가는 사생아 출산이다.

우리나라는 신생아 출생이 감소 추세에 있지만, 신생아 중 혼인외자(婚姻外子) 출생의 비율은 증가하고 있다. 2019년을 기준으로 전체 출생아의 2.3%인 6,974명이 혼인 외자로 출생했다. 이중 병원 외 장소에서의 나 홀로의 분만으로 출산을 감내한 건수는 988건에 이르고 있으며, 그 외 출산 396건, 알려지지 않은 출산의 경우도 172건에 이르고 있다. 이러한 통계는 우리의 성교육 부재나 미흡함에도 문제가 있지만, 연애에 대한 상식 없이 연애를 쾌락이나 즐거움의 도구로 잘못 인식하여 행위를 저질러 놓고 책임지지 못하게 된 경우로 볼 수 있다. 그래서 연애하다 실수로 임신하여 아이를 낳고 기르는 미혼모는 정상 가족의 범주 안에 포함하지 않는다. 행위책임(行爲責任)을 깨닫지 못하고 남행(濫行)한 연애가, 소중한 생명을 하찮게 태어나게 함으로써, 신생아를 정상적으로 사회구성원으로 받아들이는 데 위해를 가했다고 볼 수 있다. 환영받지 못하고 출생한 아이에 대해서 사회는 따뜻하게 대해주지 않는다. 애비 없는 자식, 사생아, 후레자식 등의 호칭을 붙인다.

사랑의 힘은 성경에서도 사랑(Love)과 정욕(Lust)을 구분하고 있다. 전자는 건전한 사랑으로 권장하지만, 후자는 성의 남용(濫用)으로 죄악시한다. 정욕은 부도덕하고 비윤리적인 감정으로 취급 받아왔다. 욕정에 사로잡힌 연애는 경계의 대상이 되어 왔고, 동서양을 막론하고 제제를 받아 왔다. 사회적으로 허용되지 않는 사랑과 연애는 금지되어 왔다. 연애가 결혼에 이르지 못하면, 결혼 실패에 대한 상심으로 목숨을 끊는 일이 자주 발생했다.

2015년 2월 26일 헌법재판소(憲法裁判所)가 간통죄에 대해 위헌 판결을 내리면서, 일제로부터 해방된 후 62년 만에 간통죄가 폐지되었다. 그러나 간통죄에 대하여 인간의 본성을 저해하는 인위적 제도라는 주장과 그 반대라는 주장이 서로 대립하며 수그러들지 않았다. 아직도 사회적으로 종교의 지배를 받는 사우디아라비아는 공개된 장소에서의 애정 행위를 강하게 제재하고 있다. 이슬람 율법으로 다스리는 간통은 이슬람법 '샤리아(Shariah)'에 따라 돌팔매질로 처형하였다.

　조선 시대에는 남녀유별(男女有別), 즉 남자와 여자는 구별이 있다는 윤리적 행동을 강조하던 시대가 있었다. 가족이 아닌 이성간 불필요한 접촉조차 차단하려는 의도였다. 물론, 그 틈에도 본능적 사랑을 자제하지 못해 대가를 치른 아름다운 로맨스도 있었다. 이후에 계급사회가 사라지고 계층사회가 되면서 남녀를 억눌러 온 유교적 제도가 무용지물(無用之物)이 되었고, 연애하는 자들은 대담해져 날이 갈수록 이들의 모습이 수면 위로 드러났다. 이제 청춘 남녀 간 연애는 숨겨야 할 것에서 벗어났고, 당사자의 자발적인 결정이 지배하게 되었다. 따라서 시대적 흐름으로 비혼도 나타나게 되었다.

　서구에서 청춘남녀의 사랑을 그린 로미오와 줄리엣이 시대를 초월한 명작으로 오늘날까지 사랑의 상징으로 남아 있듯이, 자유연애는 법으로 막아도 목숨 걸고 동경하고 감행하는 절대적 사랑이다. 그만큼 연애감정은 동서고금을 막론하고 인간의 보편적인 교감이며, 본능적 행동으로 인식되었다.
　다만, 전근대 사회에서는 연애는 사회, 부의 계급 조건이 충족된 이후에 제한적이기는 하지만, 연애할 자유는 관습이 막을 수 없는 위치로 이동하게 되었다.

아무리 친밀하고 가까운 사이더라도, 서로 사랑하지 않으면서 하는 연애는 있을 수 없는 무책임을 낳는다.

오늘날 연애는 육체적 쾌락으로 만족하는데 그치고 있고, 자본주의를 타락시키는 성상품(性商品)의 마중물로 전락했다. 연애는 순간의 좋은 감정이므로, 진실한 사랑이 없는 연애는 하지 말아야 하는 것이 정도(正道)라고 생각된다.

3, 40년 전만 해도 우리에게 연애는 결혼이라는 통과의례로 가는 전제조건의 하나였다. 그러나 오늘날 결혼과 연애는 별개가 되었다. 혼인율이 낮아지는 이유 가운데 하나가 결혼과 연애가 합치지 못하고 각기 다른 개념으로 받아들여진 것에 원인이 있을 것으로 생각된다. 또 연애를 생략(省略)하고 결혼한 후에, 배우자에 의지하여 신분상승(身分上乘)의 기회를 잡으려는 데도 원인이 있을 것이다.

미국의 CNN방송은 "연애와 결혼을 포기한 한국 청년들이 늘어나고 있다"고 보도했다. 한국의 젊은이들이 연애와 결혼을 포기하는 이유가 만족할만한 직업 선택에 실패하고 어려운 경제 현실에 있다는 데에 있다. 이 문제는 궁극적으로 단독 가구들이 늘어나 국가의 인구

감소를 몰고 오고, 국가의 인구감소(人口減少)가 국가를 존망의 위기로 몰아가고 있다.

요즈음 외국의 젊은이들이 한국에 몰려들어 오고 있다. 그들은 대한민국이 문화강국으로 국제시장에서 우위를 점유하기 시작하자 한국문화 콘텐츠호에 동승 하고자 한다. 그들은 기본으로 3가지 목표를 구가한다. 직업을 구하고, 마음에 드는 배우자를 헌팅하기 위해 공세적이다. 그들은 한국에 찾아온 노마드들이다. 그들은 지구촌이 하나의 국가의 문화체제로 가게 될 것을 본능적으로 알고 있다. 그들은 요조숙녀(窈窕淑女)가 되기 위하여, 또 호연지기(浩然之氣)를 성취하기 위해서 이 나라에 오는 것이 아니다. 먹이를 찾아 사냥하러 오는 것이다. 생존의 문제를 해결하기 위해 가장 좋은 기회는 결혼할 뱅자를 찾기 위해 공세적으로 나오는 것이다.

우리나라의 젊은이들이 비혼을 택하고, 1인 가구가 되어 단독생활을 하려는 것은 외국에서 자기들을 사냥하러 온다는 것을 본능적으로 감지하기 때문일 수도 있다. 그런데 문제는 자기의 처지도 사냥꾼이 되어 먹잇감을 사냥해야 한다는 것인데, 우리나라의 교육제도가 상대와 맞장 띨 힘을 길러주지 못하는 데에 있으므로, 난감하지 않을 수 없는 것이다.

요즈음은 화려한 허례허식(虛禮虛飾)에 빠져있던 대기업들이, 생존을 위해서는 학력이 필요한 것이 아니라 능력이 필요한 것임을 깨닫기 시작하였다. 그래서 대기업에서 서류전형인 공채보다 경력자를 뽑는다고 한다. 비혼자들에게 능력을 만들어주지 못하는 교육기관은 앞으로 다 없어진다고 해도 할 말이 없어지는 것이다.

4. 결혼하는 이유와 결혼하지 않는 이유

　　　남자가 결혼하려는 이유는 무엇일까? 남자는 결혼하고 싶은 여자를 만나서 여자가 요구하는 결혼조건이 해결되면, 곧 결혼을 실행에 옮기려 한다. 남자에게 있어서 결혼하려는 이유는 안정적인 sex 상대를 구할 수 있다는 것이다. 그 이상의 상위에 둘 수 있는 우선순위는 없다. 남자에게 로망에 맞는 여자를 만나는 것은 황홀한 일이 된다. 그가 평생을 찾아다녀야 하는 음양(陰陽)의 완전무결한 합치(合致)가 이루어질 수 있기 때문이다.

여자에게 있어서 결혼하려는 진짜 이유는 그가 타고난 여성의 본성이 발동하기 때문이다. 누군가에게 보호받으며 편하게 살고, 나이 들기 전에 아기도 낳고… 하는 등등의 욕구를 해결해야 한다는 이유가 있었다. 그러나 지금은 생각이 변했다.

물론 경제적인 생활조건을 충족해야 한다는 이유가 부수적으로 따라붙어 있기는 하지만, 그런 문제는 편안하게 보호를 받겠다는 본성적인 문제에 비하면 차선으로 밀려난다.

결혼 연구자들은 인간이 결혼하려는 이유를 10가지 정도로 들고 있다. 그들이 제시하는 것을 모아보면 대체로 다음과 같다.

1. 연애의 끝이 결혼이라고 정리했을 때
2. 미래를 설계하지 않으면 안 되는 최종단계에 도달했을 때
3. 다른 사람이 가는 길을 자신들도 가야 한다는 생각에 따라가는 사회적 굴레
4. 사랑이 필요해서
5. 경제적인 어려움을 벗어나고 싶어서
6. 자식을 갖고 싶어서

7. 일가친척과 주변에 눈치가 보여서
8. 불안에서 벗어나고 싶어서
9. 더 좋은 상대를 구할 수 없을 것이라는 절망감 때문에
10. 독신자가 되고 싶지 않아서

물론 세상은 변했다. 위 조건들은 어쩌면 전통적인 사회의 굴레에서 벗어나지 못한 시대 사람들의 결정으로 볼 수 있다. 과거에 결혼은 생존을 위한 필수적 선택이라는 생각에서 결정했다. 그러나 오늘날엔 이런 결정을 받아들이기 힘들다. 결혼을 개인이 결정하는 시대가 되었기 때문이다.

변화의 정도가 얼마나 되는지 보기로 한다.
'2020년 혼인·이혼 통계'를 보면 혼인 건수는 21만 4천 건으로 전년 대비 10.7% 감소 (-2만 6천 건), 이혼 건수는 10만 7천 건으로 전년 대비 3.9% 감소 (-4천 건)했다.

더 이상 삶에 도움이 되지 않는 사람과 결혼생활을 지속하지 않아도 되는 조건이 만들어진 것이다. 개인의 자아실현을 위해 결혼이 선순위(先順位)에서 후순위(後順位)로 밀리기 시작한 것이다. 그렇다

면 남성과 여성이 결혼 선택률이 어느 쪽에서 더 많은 비중을 차지하는지 보기로 한다.

동북지방통계청이 2020년 실시한 결혼에 대한 대구지역 사회조사에서, '결혼을 해도 좋고, 하지 않아도 좋다'라고 생각하는 남성은 34%, 여성 49.2%로 나타났다.

2020년 한국의 합계 출산율은 0.84명을 기록해 1명에도 미치지 못했다. 역시 출생통계를 내기 시작한 1970년 이후 가장 낮은 수치이다. 과거에는 많은 이들이 결혼을 선택하고, 아이를 낳으며 살아갔다.

현대인들은 필수가 아닌 선택이 되어버린 결혼에 대하여 결혼을 왜 포기했느냐고 그 이유를 묻지 않는다. 이미 정해진 자신의 결정에 타인이 끼어드는 것을 원치 않기 때문이다.

과거엔 자연의 순리를 따르듯 결혼을 받아들였다. 성년에 들어서면 결혼과 출산에 대하여 생각하지 않을 수 없었다. 요즘같이 자신의 자율적인 의사결정(意思決定)을 중요시하는 시대에, 전통결혼은 자율적인 결혼의사결정(結婚意思決定)을 뒤집을 힘을 갖지 못한다. 혼자 사는 것이 편안하게 생각되니까 혼자 살고 싶어져 결혼을 파기하는 것이다. 결혼 파기를 막으려면 간통죄와 같은 법률적인 감시망이 구축되어 있어야 하는데, 지금은 간통죄가 폐지되어, 힘을 쓰지 못한다.

오늘날 결혼보다 연애를 중시하고, 자식 기피증(忌避症)이 유행처럼 번지는 시대에 경제에 대한 부담감과 교육에 대한 부담감이 겹쳐, 부모의 과보호로 성장하여 심성이 나약해진 젊은이들이 자녀를 출생하여 결혼시켜 독립시킬 때까지 책임지고 키우기를 두려워하는 것은 어쩔 수 없는 일이다.

개인주의가 팽배한 요즘, 이타적이고 진실한 사랑을 만나기 어렵다는 측면이 있음을 인정한다. 자식을 양육하고 교육시키는 일이 얼마나 어려운 일인지 부모님을 통해 충분히 경험한 자식으로서, 부모가 보여준 결혼의 길을 개미 쳇바퀴 돌 듯 따라가며, 되풀이하여 고생을 사서하는 것은, 공포가 되지 않을 수 없다.

요즈음은 여성에게 나와 결혼해 주지 않으면 죽어버리겠다고 오매불망(寤寐不忘) 매달리는 남성이 나타나지 않는 시대이다. 부모의 잔소리에 밀려 강제로 결혼하는 시대도 아니다. 사랑이라는 가면을 쓴 연애의 시효도 짧아졌다. 결혼 로망의 허상도 사라졌다. 그래서 결혼과 동시에 식어버리는 사랑에 목메지도 않는다. 이제는 스스로 혼자 잘 놀고 즐겁게 살아가기만 하면 된다고 생각한다.

결혼하지 않는 삶을 상상하지 못했던 사람들이 살아온 세대는 부모의 세대였다.

2, 30년 전만 해도 결혼하지 않고 혼자 살아가는 여성들을 어딘가 부족한 사람으로 생각했다. 지금은 그렇지 않다. 젊은 세대의 생각이 변한 것이다. 자유롭게 살기 위해 결혼을 마다하는 시대에 우리가 살고 있다.

결혼의 목표는 행복이다. 행복을 얻기 위하여 한 결혼에 출산에 대한 경제적, 심리적 부담이 따른다. 수십 년 동안 결혼생활을 해온 남녀가 사랑만으로 살아가는 것은 아닐 것이다. 대부분이 정으로 살아간다. 정에는 마음의 정과 몸의 정 둘이 있는데, 마음의 정은 부부의 정이나 가족의 정이라고 말할 수 있는 것으로, 가족이 공유하는 익숙한 습관에 길들여지는 것이다. 몸의 정은 몸정이라고 말하는 정인데, 순간적인 터치나 짧은 스킨십만으로도 몸이 기억하여 생겨나는 정이다. 두고두고 생각나는 것이 몸정이다.

남녀가 결혼하는 이유는 불안한 마음을 안정시키자는 데에 있다고도 한다. 결혼으로 불안감을 해소할 수 있는 것이다. 불편함이 싫어서 혼자 먹고 마시고, 쉬고, 자고, 일하다 보면, 어느새 생겨나는 불안감을 처리하지 않을 수 없는 때가 온다. 설사 재물이 풍부하고 주어진 시간이 넉넉해도, 온전한 즐거움과 재미를 얻기 힘들다. 설사 즐거움과 재미를 얻었다고 해도 오래가지 않는다. 아무리 좋은 말도 3번 반복해서 듣게 되면 아부하는 말로 들린다. 지속 가능한 즐거움과 재미는 없다. 생명이 있는 것은 변한다. 환경도 변하고 활력도 약해진다. 사랑도 변하고 욕망도 수그러든다. 그러니 불안이 생겨나지 않을 수 없게 된다. 이런 사람이 있다면 결혼하는 것이 좋을 것이다.

　기혼남녀 10명 중 7명은 결혼이 도움 되는 이유로, '심리적으로 안정되어 업무수행에 집중이 잘 된다(43%)'가 가장 많았고, '퇴근 후 불필요한 만남을 자제하게 되어 자기계발에 도움이 된다(26%)', '책임감이 생겼다(18%)', '업무에 관한 의논을 부담 없이 할 수 있다(10%)' 등이 그 뒤를 이었다. 하지만 미혼남녀들은 결혼하면 행복해질 것이라는 확신을 갖지 못하고 있었다.

　시대가 변해도 의식주의 필요성은 줄어들지 않는다. 욕망의 영역도 마찬가지다. 사랑하는 사람과 함께 오래 함께 살고 싶은 마음, 두 사람의 아이를 갖고 싶은 마음을 갖는 것은 인간의 기본적인 욕망이다. 이런 욕망을 본능이라 하였다. 아무리 세월이 흘러도 여자가 자식을 갖고 싶은 욕망은 사라지지 않는다. 남성과 여성이 결합하여 이루는 정상적인 가정이 감소하고, 독신자들이 증가하면서 결혼문화는 달라졌다.

　결혼하지 않는 1인 가구가 늘어나고, 마음 맞는 친구와 동거하는 경우, 동성연애로 삶을 유지하는 경우, 셋 이상이 결합해 사는 경우 등 비정상적인 동거형태가 늘어가고 있다. 본능이 시키는 대로 결혼과 상관없이 동거하는 사람들은 세상에 태어난 이유와 인생의 목적을 왜곡하는 사람이다.

　아리스토텔레스(Aristotle, BC 384~322)가 한 말처럼 '인간은 사회적 동물'이다.
　국가 안에서 최소 단위의 사회인 가정을 꾸리는 자가 결혼을 시작점으로 인생주기(人生週期)를 맞는다. 남녀가 둘이 만나 함께 살아가며 아이 낳아 키우고, 노후 시간을 보내며 생을 정리한다. 인생주기에서 느끼는 희로애락(喜怒哀樂)은 자신이 가족관계를 맺고 있는 반려자와 자녀에게서 나온다. 이것이 내가 선택한 행복의 원천이다. 이 행복의 원천을 포기하면 가정은 해체될 위험성이 높아진다. 반려자와 자녀를 포기하면 가정은 깨진다.

　물론 가정이 아닌 다른 것에서 느낄 수 있는 즐거움도 있을 수 있다. 하지만 다른 형태로 만나는 즐거움은 행복의 원천이 되지 못한다.

내가 할 책임과 의무가 없기 때문이다.

 부부가 되어 함께해 가족이 늘어나고, 그 안에서 행복을 만나는 것이 결혼하는 이유다. 사랑하기 때문에 행복하고, 나를 대신해 줄 믿음이 있어 행복하다. 부부 사이의 사랑은 어깨가 펴지는 활기찬 걸음으로 행복의 구름다리를 걷게 한다.
 가정에서 느끼는 행복감은 밖에서도 빛이 난다. 결혼해서 안정감을 얻는 것이 결혼하는 이유다.

 지금은 결혼 의지가 없는 비혼족과 만혼족이 늘어나면서, 인류의 사명을 접고 부부생활을 원하는 딩크족(DINK, Double Income No Kids)까지 늘어나고 있다. 하지만 이들이 택한 책임없는 가벼움에도 희망과 성공과 즐거움과 편안함이 보장될 것이라는 생각은 버려야 한다. 멈출 수 없는 자기계발이 있어야 한다. 그래야 미래를 향하여 함께 가는 그룹에서 낙오를 면해야 한다는 것이다. 우리가 당면한 현실이 이러하니, 자신의 경력(經歷)에 새로운 실력의 업데이트가 되지 않으면, 과거는 지난 시간일 뿐이다.
 머리 좋은 사람이 자기 개발에 나태하면 필연적으로 가게 되는 길을 갈 뿐이다. 설사 새로 습득한 지식과 기혜를 높이는 것에는 혼자보다 둘, 부부가 함께 하는 것이다.

비혼자는 자기주장(自己主張)이 뚜렷한 만큼, 골방에 숨어서 인생 실패에 대한 자기변명 거리를 만들기 쉽다. 외국의 비혼자들이 한국의 유능하고 진취적인 비혼자를 사냥하러 몰려오기 때문이다.

5. 100세 장수 시대와 비혼자 사냥꾼

지금은 인간수명이 7, 80세에서 100세로 늘어, 불치병에 걸리거나 목숨을 빼앗기는 사고를 당하지만 않는다면, 세상에 태어나서 제1기 인생살이를 끝내고, 7, 80~100세라는 제2기 인생살이를 살지 않으면 아니 되는, 말하자면 누구나 예외 없이 제2기 인생을 살게 된 시대이다.

우리나라에 1인 가구가 6백만 명을 돌파했다. 100세 시대를 살게 된 지금, 코로나 팬데믹이 위드(with) 되면서, 가족이 흩어져 혼자

사는 사람들이 급속히 증가하고 있다. 또 평균수명 연장으로 시작되는 제2기 인생을 살아가야 할 비혼자들의 증가 비율이 나라의 운명을 좌우하기 시작했다.

이들이 혼자 살기 때문에, 사회의 구조가 이들에게 맞추어질 수밖에 없다. 주거공간은 1인 생활공간이나 생활용구, 식당도 2인 1조용 식탁으로 급속히 축소되었다. 물론 코로나 팬데믹 여파이긴 하지만, 변화의 기간이 급속히 짧아진 것이었다. 따라서 혼밥, 혼술, 혼영, 주거지 근무 등 신속히 변한 것들이 많다.

요즈음엔 비혼자들의 외로움을 반려동물이나 식물로 대체되고, 독신자와 반려동물이 함께 늙어가고 있다. 사람과 동물이 같은 환경에서 함께 먹고 노는 생활에 길들여 지고 이런 변화에 혼자 살아가는 노인들이 1인 가구를 늘리고 있다.

여기에 동물과 식물을 싫어하는 비혼자들의 유일한 친구는 노트북이다. 노트북에 내장된 기능이 그의 결핍(缺乏)을 채워준다. 노트북 안에 많은 콘텐츠가 공유되고 있다. 직장의 일은 물론이고, 가상현실에서 살아간다. 나의 도움으로 캐릭터가 활기치고, 이로 인한 비혼자들의 즐거움을 찾는다.

아바타는 인간수명 100세 시대에 비혼의 동반자로 함께 하고, 오프라인 상에서도 비혼자는 인간과 가장 비슷한 로봇과 함께 살게 될 것이다. 비혼자의 노동을 아바타가 대신해 줄 것이다.

요즈음 비혼자는 노트북 안에 있는 가상의 아바타와 함께 살지만. 가상의 아바타가 없는 옆집 아줌마는 반려동물인 강아지와 고양이와 함께 산다. 옆집 아줌마는 혼자 살아갈 다른 방법이 없는 것이다.

비혼자는 아바타에게 전자 파일이나 이미지로 만든 데이터를 공급한다. 사람들은 비혼자를 판단할 때, 비혼자의 아바타를 보고 판단한다. 내가 대통령 후보를 판단할 때 소문이나 이력으로 판단하듯이 아바타를 보고 비혼자를 판단한다. 사람들은 단 한 번도 비혼자를 본 적이 없지만, 아바타를 보고 비혼자를 판단할 수밖에 없을 것이다.

우리가 세상에 태어나서, 전반기 인생을 졸업하고 후반기 인생 100세의 시대를 살아가려면, 새로운 삶을 살기 위한 상당한 준비가 필요하다.

직장생활을 하는 경우에 정년까지 생활이 보장된다고 보면, 70세 이후의 인생에서 가장 쇠약한 30년 동안의 기간이 살아가는 데에 개인의 생존을 위협하는 문제들이 집중적으로 발생한다. 육신이 쇠약해지는 것은 물론이고, 의료비가 증가한다.

이렇게 개인이 당하는 취약성이 국가 전체에 집단적으로 발생함으로 사회문제화가 되지 않을 수 없게 된다.

　이 시기에는 젊어서 결정하는 결혼은 절대적 판단의 오류를 범해서는 않된다. 젊어서는 알 수 없고 신경을 쓸 필요가 없던 건강유지가 평생이라는 뜻에 담겨 있다. 이러한 관점에서 제1기 인생의 치료를 담당하는 병원과 제2기 인생의 치료를 담당하는 병원으로 양분(兩分)하여 현실에 맡도록 운영할 것을 고려해 볼 필요가 있다.

　비혼자들의 바람은 본능적 요구를 어떻게 하면 잘 이행해 즐겁고 건강하게 살수 있을까라는 인간의 기본요구와 다르지 않을 것이다. 즐거움과 건강한 생활 방법은 의외로 간단하다. 꾸준한 운동과 식사를 통해 즐거움을 추구하고, 긍정적인 마음으로 사람을 대하는 것이다. 여기에 가족이 함께하면 좋겠지만 여러 가지 이유로 혼자의 삶을 선택한다.

　수명이 늘어나는 청년들이 결혼하지 않으려는 이유는 가시적인 것도 있지만, 시대의 변화에 더 영향을 받는다. 생활에서 가족 생계 부양이나 집 혼수 등 결혼비용 부담보다는 구속받지 않는 자유로운 삶에 두고 있다. 여기에 여성의 경우에는 우리의 전통적 가족 문화에 따른 관계를 꼽고 있다. 요즘 결혼하는 층들은 우리나라 경제 발전 이

후에 성장한 사람들이다. 이들이 추구하는 것은 먹는 것도 입는 것도 아니고 자신의 자유로운 삶에 있다. 누구나 경제적 능력을 갖추고 있고, 여기에 홀로 살아도 정부의 지원으로 최소 생활이 보장되어 있기 때문이다.

누구나 태어나 마음껏 누리며 살아보길 원한다. 부모 세대처럼, 누구 때문에 무엇 때문에 하지 못하는 필연을 원하지 않는다.

경제적인 문제나 부부의 가족의 부담이 결혼을 기피하는 가장 큰 요인이다. 특히 산업사회로 진입하면서 이혼이 늘어나고, 수명이 늘어나면서 황혼이혼이 자녀들에게 미치는 영향도 크다.

경제성장이 높아지면서 가정에서나 국가의 국민은 불안 요소가 높아진다. 그만큼 발전된 사회에서의 추구는 비교할 수 없는 만큼 사회현상이다.

2021년 20년 이상 생활한 부부들의 황혼이혼은 3만6971건으로 역대 최다를 기록했다. 황혼이혼으로 인한 우리나라 이혼율이 전체 이혼 비율의 약 40%에 이른다. 그만큼 이혼 전문변호사를 먹여 살리는 사람이 황혼이혼자들이다.

비혼자의 결혼은 어디까지나 개인 영역이지만 청년들이 비혼은 국가적으로 낮아지는 만큼 고령층의 비중이 높아질 수밖에 없다. 고령화가 심각해질수록 결혼 유도 정책이 따라야 하고, 그에 상응하는 대가가 국민의 행복을 높인다.

　수명과 결혼은 강제할 수 없으나 최소한 마음 놓고 가정을 구성할 수 있다. 오늘날 우리의 성장하는 국가 유지를 위해 가족제도를 대거 수정할 필요가 있다. 온전한 가정의 절차를 위해 혼인신고한 부부의 전제 구성은 정부가 비혼을 장려하진 못해도, 가정이라는 단위의 개념을 달리할 필요성이 있다.
　사회 변화에도 가족제도를 이대로 유지한다면 아마 멀지 않아 대혼동을 맞을 것이다. 결혼하지 않은 커플이라도 가족을 이룰 수 있는 대상이 바뀌고 있다. 여기에 따르는 주택 공급이나 돌봄 지원도 바꾸려는 노력이 필요하다.

　비혼자가 늘어나는 만큼 비혼이 사회에 미칠 영향은 커지고, 가족이라는 단위에서 살아가지 못하는 노년이나 비혼자들의 구성도 달라져야 한다. 급격히 늘어나고 있는 비혼자와 노령인구 상승, 1인 가구 급증에 따른 사회문제 뿐아니라, 국제의 경제적 위기를 맞는다.

　비혼자와 1인 가구가 많아지는 만큼 국제적 제재를 받은 대립이 늘어날 전망이다. 이 말은 다문화 가정이 늘어나고 여권이 남성 권력을 넘어서고 있는 때, 국가의 위기는 여성으로부터 지배당할 확률이 높다. 다문화가정에서의 이혼 자녀들이 늘어나고 이들을 거처를 놓고, 국가적 이익 달려있다. 이를 수용할 대안은 있는지, 대부분 자녀는 모母의 국적을 따를 것을 예측한다면, 국가적 경제손실은 엄청나다. 여기에 따르는 법안이 만들어져야 한다.

　전통가족제도가 사라지는 마당에 장수 시대의 비혼자들로 인하여 경제 사냥꾼은 누가 될 것인지 미리 경계해야 한다.

제 2장

통성결혼(通性結婚), 불통성결혼(不通性結婚)과 유전적 연대

1. 결혼과 가족
2. 2세에 대한 기대
3. 나와 부모
4. 후회하는 결혼과 실수하는 결혼

결혼없는 동거시대

행복한 결혼 생활에서 중요한 것은
서로 얼마나 잘 맞는가 보다
다른 점을 어떻게 극복해 나가느냐에 있다.

1. 결혼과 가족

　남녀가 결혼하면 이성(異性)이 통성(通性)하여 자식을 낳게 되고, 자식을 낳으면 정상적인 가족이 된다는 것을 모르는 사람은 없을 것이다. 그런데 결혼을 하려면 전제조건으로 이성(異性) 간에 사랑이 필요하고, 이성 간에 사랑하는 사람들이 결혼해야 정상적인 결혼이 된다고 말할 수 있다. 이런 결혼이 전통적인 결혼이다.
　그러나 요즈음은 사람들의 생각이 많이 변하여, 동성(同性)인 남자와 남자가 결혼하고, 동성인 여자와 여자가 결혼하는 해괴(駭怪)한 일이 자주 언론에 보도되는 세상이 되었다. 더 엽기적인 것은 반려견

(伴侶犬)과 결혼하는 인수부부(人獸夫婦)가 나오기도 한다는 것이다.

한겨레신문의 이OO 기자는, "미국 미네소타주 미니애폴리스시에서 아르 티(R.T.) 라이백 시장 주례로, 최근 시카고에 사는 동성애 커플을 초대해 결혼식을 올려주었다."고 보도하였다. 2021년 여름에 동성결혼이 합법화되었기 때문이다.

"미연방대법원이 지난 6월 동성부부를 제도적으로 차별하는 연방 결혼보호법(DOMA)에 대해 위헌결정을 내린 이후, 미국에선 결혼식을 올리려는 동성애자들이 늘고 있다."고 한다. "미국에선 수도 워싱턴디시를 포함해 13개 주가 동성결혼을 합법화했으나, 나머지 주들은 전통적 결혼 관념에서 비롯된 제도에서 쉽사리 벗어나지 못하고 있다."고도 보도하였다.

물론 동성부부가 동성 간에 서로 사랑하기 때문에 결혼하여 부부가 되었겠지만, 자식을 생산하여 가족을 구성하는 기능을 수행하지 못한다는 것이 전혀 이상한 일이 아니게 되었다. 그들이 자식이 있는 가족을 구성하려면 국가로부터 허락받아 입양하는 이외에 다른 방법이 없을 것이다.

서울신문은 동성부부가 된 아들 매튜 엘레지(34)와 그의 동성 남편 엘리엇 도게티(31)를 위하여, "지난해 미국 할머니 줄리 러빙(52)이 딸 브리애나 록우드의 대리모가 되어, 자청해 자신의 뱃속에 손녀 우마를 10개월 품었다가 출산했다."고 보도하였다.

보도문의 내용으로 보아서, 줄리 러빙할머니는 혈통을 잇기 위하여 아들과 동침하였거나, 아들의 정자를 인공수정하여 시험관아기를 임신하였다가 손녀를 출산했을 것으로 생각된다. 한국의 전통 윤리의 관점에서 볼 때, 미국의 줄리 러빙할머니의 임신은 천륜(天倫)을 파괴하는 행위가 되고, 현대 의학으로 동성연애자들의 목표를 달성했다고 볼 수 있다. 어떠한 말로도 변명의 여지가 없는 모자상간(母子相姦)으로, 고대 푸날루아(近親婚) 시대에도 없었던 불륜의 극치(極致)라 할 것이다. 사랑이 전제되는 결혼의 결과는 이제 상식을 초월하는 비상식과 몰상식이 상식화되었다.

우리나라는 국민의 결혼관이 아무리 진보적으로 변했다고 해도, 고수해 온 것이 장자호주승계(長子戶主承繼)의 가족제도였다. 이는 장자가 행사해 온 문중제사권(門中祭祀權)과 관련이 있었다. 조선 시대에 있었던 자식의 재산분배제도(財産分配制度)는 남녀 불문하고 균등분배(均等分配)를 원칙으로 하였다.

그러나 현재 한국인의 가족관(家族觀)은 조상보다 자식을 우선하고 있으며, 핵가족화(核家族化)되어 있다. 또한 가족의 정체성을 조상으로부터 물려받은 혈통으로 하지 않고, 미국처럼 자식의 혈통으로 정하기 시작하였다. 부부간에 형성되는 가치관과 욕구 충족(慾求充足)을 가족 가치의 맨 앞에 놓고 있다.

근래에 국적과 인종과 문화가 다른 남녀가 결혼하여 이룬 타국적인 결혼 부부(다문화부부) 가구가 33만 가구라고 KBS TV가 보도했다. 다문화 가구에서 필연적으로 대두하는 것이 이질적인 가족 구성원이 가지고 있는 정체성의 혼란이다. 정체성의 혼란은 국민단합을 위해서 방치할 수 없는 문제이다. 이러한 이유로 다문화가정에 새로운 정체성의 창설이 시급하지 않을 수 없게 되었다. 정체성의 혼란을 극복하려면 미국처럼 태어난 자식이 갖게 되는 이국인 출신 부부의 반반혈통(半半血統)을 결합한 미국인 혈통의 정체성을 수용하면 된다. 이 정체성이야 말로 다문화 정체성이라고 말할 수 있다.

가족의 정체성 형성과 관련하여, 세계적인 육종학자인 우장춘 박사의 집안에서 실예를 보기로 한다.

우장춘 박사의 부친은 우리가 잘 알다시피 구한말 때 살았던 분으로, 친일파로 매도당하는 분이다. 그러나 일본에서 그에 대한 평가는 명치유신시대의 주역과 같은 조선의 지사로 존경하고 있다. 그가 꿈꾸었던 것은 명치유신과 같은 조선의 혁명이었다.

우장춘 박사의 부친 우범선(禹範善·1857~1903)은 지금으로 말하면, 청와대 경호대의 제1대대와 제2대대 2개 대대 중에서 제2대대 대대장의 지위에 있었던 분이었다. 1895년 10월 7일, 그는 당직 근무 중에 갑자기 경호대 해산명령을 받고, 분노하여 일본 공사관에서 기획한 민 황후 시해 사건에 가담하였다. 그날이 1895년 10월 7일이었다. 그는 일본의 낭인 패거리들이 민 황후를 시해했을 때, 대원군을 호위하여 입궐하였다. 이 일이 당시에 그가 한 일이었다. 당시에 그는 별기군(別技軍) 참령(參領)이라는 직책에 있었다.

이 사건에 청(淸)이 개입하여, 그는 반역자로 몰려 일본으로 피신해야 하였다. 그는 일본에 가서 일본 여인 사카이나카(酒井仲)와 혼인하여 새로운 삶을 꾸몄다. 그는 아들 둘을 두었다. 첫아들이 우장춘(禹長春·1898~1959) 박사였다. 우장춘 박사의 아버지 우범선은 1903년 그의 친구 고영근(高永根)에게 암살당하였다. 졸지에 과부가 된 그의 어머니는 어려운 생활을 해야 하였다. 그의 나이 5살 때였다.

어머니는 한때 생활을 할 수 없어서 우장춘을 고아원에 맡기고 가정부 생활을 하여 돈을 번 다음에 그를 찾아가기도 했다. 그는 소학교에서 조센진이라고 멸시를 받으며 왕따를 당했다. 그러나 그의 어머니는 그를 일본인으로 키우려 하지 않고 조선인으로 키우려 하였다.

우장춘 박사에 대한 일대기는 세계적인 식물유전육종학자 한상기(韓相麒) 박사가 월간조선 문갑식 편집장의 인터뷰에서 밝혔다. 이 인터뷰에서 감동적인 여러 가지 일화가 밝혀졌다.

우장춘 박사의 어머니는 포목 행상을 하면서, 도쿄에 있는 남편 우범선의 묘를 팔아서 아들의 교육비에 보탰다. 그는 아들에게, "너의 아버지는 조선의 훌륭한 무관이었다. 너는 그런 분의 아들임을 자랑으로 여겨라. 그러니 너도 훌륭한 사람이 되어서, 좋은 일을 해야 한다"고 교육하였다.

우장춘은 히로시마 구레시에서 소학교와 구레중학교를 졸업했다. 어머니가 교토대 부근으로 이사 가서 아들을 교토(京都)대학 공학부에 입학시켰다. 그는 농학부 실과에 들어가 도쿄로 이사했다.

우 박사는 어렸을 때 동물을 좋아하여 어디선가 동물을 데려와서 항상 자신의 이불 밑에 재웠다. 카나리아도 길렀는데, 어느 날 한 어린아이가 카나리아를 만지다 그만 한 마리가 날아갔다. 그때 그는 크게 화를 냈다, 이를 본 어머니가 그가 출근한 틈을 타 카나리아를 모두 새장 밖으로 날려 보냈다. 그가 집에 돌아왔을 때, 어머니는 '새를 아껴 기르는 것이 하나의 취미일 순 있지만, 어린아이에게 그렇게 죄를 짓도록 하는 것은 잘못이다. 그래서 "내가 그 새들을 다 날려 보냈으니, 이제 아무도 꾸중 듣지 않아도 될 것이다"라고 말하였다. 그 후부터 우 박사는 새를 기르지 않았다.

우 박사는 전후(戰後)에 자녀들에게 "사람을 죽이는 병기를 만드는 공학부에 들어가지 않고 먹거리를 만들어 배불리 먹여 생명을 지키는 농학을 하게 돼 아주 좋았다"고 말하였다.

우 박사는 초등학교 교사 와타나베 고하루(渡邊小春)와 결혼하여, 2남 4녀를 두었다. 그의 이름은 장춘(長春)이었고, 그의 부인의 이름은 소춘(小春)이었다.

우장춘은 도쿄대학 농학 실과를 졸업하고, 1919년 일본 농림성 농업시험장 고원(雇員)으로 취직했다가 1920년 기수(技手)가 됐다. 그는 1919년~1937년 17 동안 하위직에 봉직하다가, 1936년 도쿄대에서 농학박사 학위를 받은 다음해인 1937년에 기사(技師)로 승진됐다.

비록 그의 승진이 늦어지기는 했지만, 그의 직장 동료들은 그의 능력을 인정했고, 가능한 한 그를 도와주었다고 한다. 이 말은 그의 셋째 딸이 한 말이다.

한때 우 박사의 부인이 불평한 적이 있었다. 고부갈등 때문이 아니라 우 박사가 집을 나서 한 발짝만 나가면 자기 집도 아내도 자식도 완전히 잊어버리기 때문이었다. 그만치 우 박사는 당신이 맡은 소임 외에 다른 것은 생각하지 않았다. 그의 좌우명이 농업전심(農業專心) 원칙재천(原則在天)이었다.

우장춘 박사는 1937년 농업시험장을 떠났다. 그는 교토에 있는 다키이종묘(瀧井種苗) 회사의 농장장으로 직장을 옮겼다. 거기서 1945년 전쟁이 끝날 때까지 일했다.

한국에서는 우장춘박사 환국추진위원회가 생겨 그를 한국에 데려오려는 귀국운동이 벌어졌다. 조봉암 농림부 장관 때였다.
부산 동래에서 우 박사 환영회가 열렸다. 우 박사는 환영인파에게 짤막하게 인사했다. "나는 어머니의 나라인 일본을 위해서는 일본인 못지않게 일했다. 지금부터는 아버지 나라인 나의 조국을 위해 일하겠다. 뼈를 조국에 묻을 것이다." 김태욱(金泰昱)씨가 쓴 《인간 우장춘(人間 禹長春)》

환국추진위원회에서 성금을 모아서 생활비로 쓰라고 우 박사에게 보냈다. 우 박사는 그 돈을 몽땅 현미경을 비롯한 실험기구와 책을 사는 데 써버렸다. 우 박사가 귀국한 뒤 얼마 안 돼 6·25가 터졌다.

우장춘 박사는 한국 원예연구의 기초를 닦았고, 이 분야에서 학문을 발전시킬 후진을 양성했으며 민간 육종(育種)의 기틀을 만들었다. 그는 대관령에서 무균종서, 즉 씨감자 채종을 시작한 뒤로 여러 채소의 종자를 개량했다. 지금 대한민국이 고추, 배추, 무 등의 우량종자로 세계 종자 시장의 패권을 잡고 있는 것이 다 그분 덕택이다. 우장춘의 삼각형(Triangle of U). 우장춘 박사는 십자화과 배추 속에서 배추와 양배추를 교배해 얻은 식물체가 유채와 같음을 증명하고, 이 현상을 '종의 합성'이라고 이름 지었다. 그 뒤 배추속 식물 6종의 연관성을 밝혔는데, 이를 도식화한 것이 '우장춘의 삼각형'이다.

우장춘 박사는 귀국한 지 9년 5개월 만에 세상을 떠났다. 그의 무

덤은 수원과 일본 도치기현 2곳에 있다. 시신은 수원 옛 농촌진흥청 구내 여기산(麗岐山) 기슭에 있고, 그분의 머리카락과 손톱·발톱을 잘라 만든 묘가 일본 도치기현(板木縣 佐野市)에 있다.

아들 2분 가운데 한 분은 의사고, 2녀 마사코(昌子)의 남편 니세키(新關) 박사는 처음으로 벼를 약배양(葯培養)하였다. 3녀 요코(葉子)의 남편 가네다(金田) 박사는 일본생물자원연구소 소장을 지냈고, 4녀 아사코(朝子)의 남편은 일본 대기업 교세라의 창업주로 일본항공(JAL) 총수였던 이나모리(稻盛) 회장이다. - 이상 문갑석 월간조선 편집장 인터뷰

우장춘 박사는 대한민국에서 국적을 취득하여 자신의 정체성을 대한민국국민으로 정리하였고, 아들과 딸은 일본국민으로 정체성을 정리하였다. 그의 자녀들의 이름이 일본 이름으로 된 이유가 자녀의 유전자의 70%가 일본인이었기 때문에 일본인의 정체성을 갖도록 했던 것이다.

우장춘 박사의 결혼과 가족에 대하여 긴 예문을 제시한 이유는, 그가 가족의 둥지 안에서 생활하며, 인류사에 위대한 업적을 남겼기 때문이다.

물론 비혼자도 인류에게 칭송받을 수 있는 훌륭한 일을 할 수 있지만, 큰일을 도모하기 위해서는 꼭 가족이라는 든든한 지원자가 있어야 하는 것이 필수적이라 할 수 있다. 요즘처럼 개인의 성향을 중요시하는 때, 한 시대에 기여할 수 있는 성공을 향해 갈 수 있도록 방향을 제시해 주는 이정표도 없고, 거리 측정기도 없는 시대에, 우리는 금목걸이를 한 돼지처럼 꿀꿀거리며 살고 있다. 돈 이외에 아무런 방향성의 제시가 없는 돼지우리 안에서 살고 있는 것이다.

2. 2세에 대한 기대

　유전적 연대는 우리의 희망이다. 유전자의 수치가 높으면 우성(優性)유전자, 유전자의 수치가 낮으면 열성(劣性)유전자로 나뉜다. 이들은 가족의 형제자매(兄弟姉妹)가 국민이 자동으로 서열이 매겨지는 것처럼 순번이 매겨진다. 질서가 생겨, 우성유전자는 형 노릇을 하고, 열성유전자는 동생 노릇을 한다. 우성유전자는 이미 우월성을 타고난다. 노력하지 않아도 우월한 지위를 타고나는 것이다. 그러나 열성유전자는 우성 유전자를 따라 학습하려 한다. 그러나 아무리 노력해도 대를 이어가면서 2세의 우성 유전자 연대를 따라잡지 못한다.

유전자 연대는 우성유전자가 너그럽고, 욕심이 없고, 집착하지 않는다는 특성을 가지고 있다. 열성유전자 연대는 집착과 자기 소유욕이 강하고, 자존심도 강하나 반면에 멍청한 면도 있다. 우성유전자 연대는 영리하다. 열성 유전자 연대는 이해력과 암기력이 우성유전자보다 떨어진다. 그래서 부모와 소통할 때 열성유전자 연대는 우성 유전자에 의지하려는 경향이 있다. 우성유전자는 상호관계에 무관심하고 같은 레벨의 유전자 연대와는 잘 어울리지만, 열성 유전자 연대와는 잘 어울리지 못하여 고독과 외로움을 느끼게 된다.

이러한 유전성은 가족력(家族歷)으로 유전인자에 새겨진다. 우성과 열성 2유전자 연대는 부모의 성격과 질병을 혈연간의 유전자로 공유한다. 이외에 부모의 직업이나 사고방식, 생활 습관, 같은 식사, 주거 환경 등에서 습득한 지식도 공유한다.

특히 가족력에 유전적 특성이 새겨짐은 질병 새겨짐뿐만 아니라 사회성에도 새겨져 환경공유에 나타나 유전적 영향을 미친다. 일종의 '후전적 성향이 나타나는 유전자'이다. 이는 부부가 오랜 기간 같은 생활에서 식습관으로 익힌 습관까지 공유하기 때문에 2세에게 영향을 미치게 되는 것이다. 2세는 어른이 되어서도 부모로부터 길들여진 습관과 행위를 물려받아 같은 성격을 나타낸다.

생활 습관에서 오는 병이 가족력으로 기록되는데, 가족이 공유하는 환경적 요인과 관련이 있다. 그러나 질병과 관련이 있는 가족력이 있다고 해서 2세가 모두 그 질병을 갖고 태어나는 것은 아니다. 그 질병이 가족력에 새겨져 있는 경우에 정확한 검사를 주기적으로 받으면서 바른 습관을 생활화하면 우려되는 질병에서 벗어날 수 있다.

부모의 유전자 연대에서 2세의 유전자 연대로 이어지는 유전성의 전달은 세대 간에 차이가 있음을 보여준다. 이 차이가 사회적 소통과 인간관계에 인식 차이로 나타나 영향을 미친다. 그 결과는 실패냐 성공이냐로 나타난다. 요즈음은 인식의 차이가 온라인상에도 나타난다. 부정적인 인식에는 얻는 것이 없지만, 긍정적인 인식에는 얻는 것이 있다. 이렇게 유전자적 생각이 온라인에 영향을 미치는 시대로 접어들었다.

지금까지는 사람 간의 소통은 만남에서 이루어졌다. 이러한 만남은 비즈니스가 됐던, 남녀 간의 사랑이 됐던 눈에서 멀어지면 이어가기 힘든 것이었다. 이들은 활동이 원만하거나 그렇지 못하거나 자신만의 생각에 따라 유전적 힘의 영향을 받는다. 그것이 나이가 들수록 후천적 영향이 작용하지만 첫 번째 시도는 가족력에 의해 결정된다.

특히 사회활동을 시작하면서 인연이 되는 사람이나 일이 성격에 따라 진행할 이유의 타당성에 의해 이루어진다. 이 과정은 항상 사람에서 시작된다.

 소통은 말로만 하는 것은 아니다. 눈빛이나, 손끝 하나의 동작과 움직임, 스타일, 호흡으로도 한다. 이런 육신의 접촉으로 마음에 감화를 얻게 된다. 그것이 2세대의 미디어 채널에서 많이 이루어지는 사랑의 기법으로 강사들이 몸정이라고 말한다. 자신이 알지 못하는 몸정이 발동하여 상대를 만나서 단 몇 분이라도 말하다 보면 뜻하지 않게 좋은 성과를 얻기도 한다. 또 상대에 대하여 무엇인가를 파악할 수도 있다.

 오늘날 젊은 세대는 통신기기를 중간에 두고 무미건조하게 보이는 소통에 열심을 보인다. 이것은 2세대의 유전자적 활동과 거리가 먼 것 같지만 그렇지 않다. 즉각적으로 소통이 이루어지는 것이다.

 지금은 온라인상에서의 만남이 설사 초면이라고 해도 부담스러워하지 않는다. 검색이라는 기능이 심적인 부담을 없애주기 때문이다. 데이터가 인간의 심리를 뛰어넘는다. 데이터 사회에서 형성된 새로운 세대별 관계유형이 개인화, 개별화, 특수화 되어 있고, 존엄화(尊嚴化)되었다.

그러나 세대별 관계유형은 모바일에 친숙한 MZ(MZgeneration) 세대서부터 밀레니얼세대 (MillennialGeneration), M(Mobile)세대, X(Xgeneration)세대, Y(YGeneration)세대 등으로 구분되어 있다. 여기에 2세대인 MZ세대는 밀레니얼의 M과 제네레이션의 Z가 합쳐진 말이다. M(Mobile) 세대는 이동통신에서 모바일을 가장 많이 쓰는 젊은 계층으로 구분한 명칭이다.

이렇게 나눠진 각 세대는 서로 연결되어 있지 않고 단절되어 있다. 세대 간에 소통이 불편한 신조어(新造語)를 사용하고 있고, 세대별 활동이 이질화되어 동시대를 함께 살며 딴 세상 사람처럼 소통의 부재를 겪는다. 2세대에게 우리는 어떤 기대를 해야 할까. 사회조직에서 다양한 연령대가 함께 어울려 살던 시대엔 서로를 믿고 의지하면서 오늘을 만들어 왔다. 그러나 지금은 그렇지 않다. 때로는 소통이 불통이 되어 업무가 균형을 잃게 되면 선후배가 소통하며 처리하던 시대가 끝났다고 말한다.

신뢰가 사라진 MZ세대의 사고와 소통 불가능한 개인주의에 빠진 젊은 세대는 과거 우리가 왜 그토록 조직의 소통을 강조하였는지 이유를 모른다.

결혼이 아니라도 즐길 거리가 많은 다양한 콘텐츠에 둘러싸여, 가상현실에 만족하며 살아가는 젊은이 들이다. 지금 우리는 IT기술로 세상 정보를 분석하며 미래를 예측하여 트랜드를 찾아내는 시대에 살고 있다. 소위 메타버스시대로 불리는 현실과 비현실의 경계가 허물어진 시대에서 살기 시작한 것이다. 코로나 팬데믹이 이 시대를 앞당겼다.

요즈음 결혼한 부부들도 밀레니얼 세대처럼 살아가는 가정이 늘어나고 있다. 여가 시간이 주어질 때면 부부사이의 소통보다 게임하듯 따로 놀이 시간을 보내고 있다.

이들은 스마트폰으로 일하고, 먹고 노는 여가가 혼재되어 있다. 그들은 집을 벗어나 휴양지에 가서 일하기도 한다. 일과 여가가 혼용하는 것을 좋아한다.

일을 놀이처럼 하는 것을 좋아 하는 요즘 직장 리더를 만나기 싫어한다. 특히 mz세대는 "꼰대 문화는 어쩔 수 없나 봐!", 욕인지 대화인지 알 수 없는 말을 한다. 이유를 모르면서 서로를 향해 이해하지 못하는 관계에서 그들은 소통되지 않는 업무를 버리고 직장을 떠난다. 직장에 마무르는 시간도 수개월에서 1,2년이다. 그들이 지구의 경계를 허문 메타버스로 진입해 가기 때문이다.

그들은 기존 패턴의 직업을 선호하지 않는다. 쓸 만큼 돈을 버는데, 그것이 어떤 직업이든 개의하지 않고 자유를 최우선으로 꼽는다. 자유스럽게 활동하는 편리한 시간을 의식주보다 중요하게 생각한다.

세대 간의 차이를 보이는 결혼에서 소통의 문제점은 서로 만나지 않는 상태에서 시간과 장소에 응한다. 소통 부재로 인해 조직은 와해되고 기성세대와 MZ 세대가 함께 신뢰와 믿음을 나눌 기회도 사라진다. 만나본 적 없는 사람을 친구삼아 대화하고 편안함을 느끼는 1회용 인생에 길들여 지고 있다.

옛날부터 한국인의 친구는 쌀 1가마를 나눌 정도로 가까운 사이였고 먹고 마시기를 함께했다. 그런데 요즘 친구는 이름도 집도 절도 모르는 사람들이 온라인상에서 문자를 주고받으며 기호가 맞는 사람들과 뜻을 같이하며 결혼한다. 몸과 몸이 서로 마주쳐도 알아보지 못하고, 서로 부르고 또 불러도 소리없는 시대에서 결혼은 단순해지고 스마트해진다. 생활과 문화환경이 서로 다른 차세대, 보이는 것에 치중하는 결혼문화는 자신의 환경과 처지를 감춰서라도 남성은 예쁜 여성을 찾고, 여성 또한 거짓을 말해서라도 집안 환경에 맞는 배우자를 원한다. 우리가 2세에 거는 기대는 지금까지 변화와 발전을 거듭해 온 것과는 전혀 다른 세상을 향하고 있다.

이러한 추세에 있는 Z세대는 'SNS 팔로워(follower)'를 친구로 생각하는 사람이 얼마나 될까? 백분율로 보면 MZ 세대(22.0%), 밀레니얼 세대(14.3%), X세대(10.7%), 86세대(11.3%)로 2020년 실시한 응답으로 보아 알 수 있다. 친구 자체에 대한 개념이 달라진 것이다. 그들의 행동은 개인주의에 빠진 인간들의 행동이고, 일상에서 무기력하며 책임감이 없이 살아가는 것이 특징이다. 그들은 활력이 넘치지 않는 개인주의자들이다.

요즈음 태어나는 아이들은 2,3살만 되면 온라인 환경에서 성장한다. 따뜻한 엄마 가슴에 안겨 엄마가 책을 읽어 주면 듣던 모습은 사라지고, 인간의 본능을 자극하는 움직임에 익숙해지는 사람이 되어 가고 있다. 이들이 디지털 네이티브(Digital native)'이고 Z세대이다.

'디지털 네이티브(Digital native)' Z세대가 디지털 세계와 현실을 혼동한다. 이들은 개인주의 성향이 강하여 늘 혼자 있기를 좋아하고, 가족과 함께 있어도 가족과 동떨어져 있다. 가족에 대한 사랑이 없어진다.

이들의 특징은 X, Y세대와는 다르다. 직업의 선택과 먹고 마시는 것까지 현저한 차이를 보인다. 퇴근 시간이 오면 칼 퇴근한다. 이들은 당장 시급히 처리해야 할 업무에는 아무 관심이 없다. 주어진 시간에 일하고 일한 만큼 수당을 받는다. 쓸 돈이 있으면 일하지 않고, 돈이 떨어지면 일한다.

일에 있어서 세대의 구분 없이 조직에 순응하며 살아가던 때는 지나갔다. 직장에서 상사와 직원간의 갈등이 심화되어간다. MZ세대의 등장으로 사회의 변동이 빨라졌다.
우리는 지금까지 후세 즉 2세에 꿈과 희망을 걸고 개미처럼 열심히 살았다. 허나 지금은 그렇지 않다.

요즘은 먹고 입는 형식만 같지, 생활 패턴은 달라졌다. 실시간으로 온라인 친구를 만나 플레이하는 아바타가 자신의 업무를 대신해 준다. 비대면 소통에 익숙한 업무를 처리해 주는 아바타를 통해 모든 작업과 욕구를 채워가는 이들은 온라인상에서 일상을 해결한다. 그 안에서 자신의 취향대로 꾸미고, 관람하고, 무엇인가를 학습한다. 그럼에도 불구하고 나의 아바타는 월급을 달라고 하지 않고, 나처럼 칼 퇴근을 하지 않고, 24시간을 시키는 대로 일하고, 골치 아픈 노조도 만들지 않는다. 아바타라는 말은 혹시 아버지라는 말의 변음이 아닌가 하는 생각이 들 정도이다.

나는 아바타가 정해 주는 상대와 미팅이나 하고, 코인으로 쇼핑이나 하는 소비자로 전자 판타지의 시민이 된다. 그것이 향후 메타버스 시대를 살아가는 인간들의 모습이 될 것이다. 언젠가는 아바타를 배우자로 만나서 함께 살게 될지 모른다. 이렇듯 사람을 배제한 결혼이 2세대를 기다리고 있다.

우리의 남매 조상 복희와 여와가 몸을 비비꼬며 멋진 결혼 시작을 알리는 퍼포먼스를 했지만, 지금은 내가 결혼 사망의 퍼포먼스를 하고 있다. 나의 아바타와 결혼하게 될지 모른다는 이상한 기대를 하고 있다.

가상공간에서의 경제 활동이 늘어나면서 인간이 필요로 하는 기반시설은 가상공간으로 이동한다. 점점 시간이 지날수록 인간의 활동은 둔화되고, 기술진화에 따른 소통 부재로 사람의 속을 알 수 없는 2세에게 무엇을 보여 달라고 할지, 기대할 것이 없는 듯하다.

디지털 기반에서의 삶이 전 세대의 모델이 되는 세상, 게임 속 가상공간이 현실화되고 있다. 기성세대에 비해 높은 소통률을 보이는 2세들에게 인간이 행복을 기약할 수 있을지 모를 일이다. 안정적인 감정이 사라진 로봇배우자와 가족을 이루는 시대를 예감한다.

이렇게 2세는 1세대의 집단 무의식인 유전자적인 자손의 DNA가 바뀌고 있다.

2세가 1세 부모가 원하는 대로 따를 수 없는 환경 변화에서 갈등과 마찰을 일으키는 현상에 실망한 부모가 자식에 대한 자신의 욕심을 포기하면서 1세의 시대가 끝난다. 가족애가 사라진 자녀가 독립 후 부모와 자식의 만남은 1년에 한두 번 보면 그만이고, 전화나 문자도 명절 때나 한두 번 보내는 것으로 끝이다. 그래서 부모는 세대의 연대가 무너지면서 아무런 기대를 하지 않는, 자식의 그림자와 같은 존재일 뿐이다.

MZ 세대라는 용어를 알아듣지도 못하는 1세대들의 폭이 10대 청소년부터 40대까지 길게 분포되어 있지만, 동시대의 관심사가 완전히 다르다. 이들이 2세에게 거는 기대를 아쉽지만 접지 않을 수 없는 때이다.

전 인류가 다른 인종에 대한 거부감이 줄어들고, 다국적 언어를 전체적으로 구사하면서 지적 수준과 도전정신은 세계화되었다.
　개인주의에서 온라인 개방은 확대되고 감성 상품이 인기를 얻고 있다. 먹고 살아가는 패턴이 달라지면서, 2세대가 겪는 모방심리와 호기심은 개인주의를 벗어나지 않는다. 시대적 트렌드에도 민감해진 이들은 글로벌 쇼핑을 즐기고, 소비패턴도 트랜드를 따라 왕성한 편이다. 자신을 위한 것이라면 망설임 없이 결정하는 세대가 부모 세대와 관계가 없는 듯 성장하고 있다.

우리나라 글로벌 금융위기 사태 이후 사회의 고용 감소는 중 장년 몫의 과거일 뿐이다. 일자리의 질이 저하되면 MZ세대들이 부딪치는 것은 정부가 국민을 먹여 살린다는 생각이다. 실업자는 실업수당을 받을 것이다. 여기에 필요한 것은 그때그때 상황에 맞게 처신해 나가는 것이 전부로 보인다. 앞날을 걱정하며 누군가 내가 당하는 손해를 감수하려 했던 때는 과거일 뿐이다.

청년들 학자금 대출이 사회적 문제로 떠오르지만, 그것도 가진 것이나 가질 욕심을 내지 않는 우성유전자 청년들은 대단한 문제로 받아들이지 않는다. 진 빚은 갚다 못 갚으면 그만이라고 생각한다. 빚을 내어 아등바등 결혼할 것도 아니고, 집을 사고 재산을 모으려는 것도 아니니 신경 쓰고 싶은 것이 없다. 온라인 세상에서 자유를 만끽하며 살아가는 이들, 공상 세대를 어떻게 할 것인가!

이른바 '디지털 네이티브(Digital Native)' 2세인 이들에게 세속적이고 물질적인 기대를 접는 것이 좋다. 이들은 인터넷과 IT(정보기술)에 친숙하고, TV·컴퓨터보다 스마트폰 사용에 대부분 시간을 가상에서 보낸다. 선호하는 것에 관심을 공유하며, 재생산 자로서 또 소비자로서 살아간다.

　행동을 요구받지 않는 세대, 이들의 메시지는 세계에서 공통의 관심에 주목받고 있다. 거리 카페에서 수업을 들으며 시류에 합류하고, 가상공간에서 화합하는 글로벌 사회에서 이들은 인위적 위험에 노출된다. 국경과 인종을 뛰어넘어 이전 세대보다 훨씬 강력하게 변화와 혁신을 주도해 가고 있다.

3. 나와 부모

　　나와 부모의 관계는 자신 혼자만이 부모와 엮여있는 관계가 아니라, 배우자 가족과도 함께 엮여있는 관계이다. 내가 결혼하기 전에는 나와 가족관계는 부모가 1순위이고, 형제가 2순위이고, 자매가 3순위가 된다고 볼 수 있다. 이런 관계는 윤리적인 대면관계(對面關係)라고 말할 수 있다.

　　그러나 윤리적인 대면 전에 정(情)의 심적관계(心的關係)도 있으므로 나의 정이 누구에게 깊은가에 따라서 우선순위에 조정이 있을 수 있다고 본다. 만약에 내게 가족에서 제외하고 싶을 만큼 골치 아픈 누군가 짐이 되고 있다면, 단연코 그의 우선순위는 꼴찌로 밀려날 수밖에 없을 것이다.

가족관계에서 나에게 결혼이라는 변수가 생기면, 가족관계의 우선순위에 변동이 온다. 그 우선순위는 나의 아내나 남편이 부모를 제치고 가족관계 우선순위의 1위로 바뀐다. 내가 아내와 가정을 꾸리고 있으므로 가정을 보호하기 위하여 이 관계는 불가침의 관계로 생각하지 않을 수 없다. 그러나 자신의 배우자와 이혼을 고려하고 있다면 이 우선순위의 1번은 부모가 복귀하게 될 것이라고 본다. 아내나 남편이 가족관계에서 떨어져나 가게 될 것이기 때문이다.

우리의 일상에서는 정이 깊거나, 윤리적인 이유로 시댁이나 친정에 우선순위를 두고 있는 부부가 있다면, 이들 부부는 아마 가정생활이 순탄치 않게 될 것이다. 이런 경우를 당연시해서는 안 되고, 우선순위를 배우자에게 두는 것을 원칙으로 해야 한다

부모는 첫 번째인 평범한 일상에 머물러 있지만, 자녀들에게는 보호자 이상의 인식을 심어주어야 한다. 그 첫째는 가족의 위계질서를 세우는 일이고, 둘째는 가족이 위험에 닥쳤을 때 가장으로서 담당해야 할 역할이다. 부모의 우선순위는 세상에서 가장 존중받는 위치로 인식되어야 한다.

가장이 위험에 처하여 무의식중에 행위하는 일상적 행동이 교육과 직결되며, 자녀의 성장과 발달에 깊은 영향을 주게 된다. 부모는 자녀가 사회에서 인정받고 책임을 다하는 존재로 성장하길 바라는 만큼 학교 교육보다 가정교육이 큰 영향을 미친다. 가정교육과 교과서 중심의 학교 교육은 근본적으로 다르다. 그러나 코로나 팬데믹이 학생을 가정으로 돌려보내 재택교육이 시작되면서 학교에서 부담해 주던 가정교육의 일부가 가정으로 복귀하여 부모의 역할에 과부하가 걸리는 세태가 되었다. 애들의 엄마는 과중한 무게의 가정사로 비명을 지르게 되었다.

요즈음은 국가와 개인이 경제 우선주의를 지향하기 때문에, 부모와 자식이 같은 공간에서 살기만 할 뿐이지, 각자 자기 공간에 틀어박혀 밖으로 나오지 않는다. 그래서 부모와 자식 간에 대면하는 시간이 거의 없는 편이다. 부모와 자식 간의 유대가 소원해진 것이다. 온 식구가 아침에 헤어져 저녁에 다시 만난다. 자식이 학교로 학원으로 다니므로 집은 하숙집이나 다름이 없다. 부모는 자식을, 자식은 부모를 다 알 것 같지만 본 것만 알고, 보지 못한 것은 절대로 알지 못하며 살아간다.

자녀들 눈에 비추어진 것은 가족을 위해 부모들이 열심히 살아간다는 것에 불과하다. 효친사회(孝親社會)가 사라지고 가족에 대한 윤리도덕(倫理道德)이 추락하며, 집안에서 가족을 위해 희생하는 부모와 참된 자식의 관계가 없어지고 있다.

부모의 언행이 이치에 맞으면 자식 또한 훌륭하게 자랄 수 있는 틀에서 벗어나지 않지만, 부모가 반대로 행동하면 자식이 바르게 성장하지 못한다. 자식은 부모의 거울이다. 부모와 자식은 서로 볼 수 있는 거울처럼 인생을 가르치는 선생님이다. 이정도면 부모와 자식 간 이해와 소통이 원활할 수 있다고 본다. 소통에는 언어로 표현되는 의사표시 이외에 주고받는 도움이 포함된다. 그러나 세태가 변하고 있으므로 자녀의 언어는 세태를 반영하여 빠르게 변해가고 있다.

부모는 항상 자신보다 자식 편에서 살아간다. 그러다 몇 번만 부모가 자식에게 소원하게 대하면 부모를 이해하려 하지 않고 오해하게 된다. 물론 어릴 때는 이런 한심한 상황이 벌어지지 않지만, 중, 고 시절을 넘어서면서 부모와 자식 사이에 오해가 생기며, 오해해서 생긴 간극(間隙)은 부모가 자식의 요구를 충족시켜주지 못할 때 생긴다.

부모와 자식 사이에서 어떤 일이 발생하면, 자식은 자기 스스로 "내가 무슨 말을 해도 아빠 엄마에겐 안 먹혀."라고 불평하는 소통 부재 현상이 일어난다. 자식은 부모의 자식에 대한 사랑과 경제적 능력에 대하여 부정적으로 평가한다.

　부모가 자식에 대하여 '우리 아이는 크게 될 거야.'라고 생각하는 생각과 '제까짓 게 되긴 뭐가 되겠어'라고 하는 말은 자식에게 엄청난 부정적인 결과를 가져온다.
　 부모는 자식을 잘 알고 있다고 생각한다. 이것은 부모의 착각이다. 그 착각은 또래의 현실을 모르기 때문에 생긴다.
　부모는 자식의 능력의 한계를 알지 못하면서 기대치를 최고로 한다. 그 기대를 자식은 감당하기 힘 든다. 높은 중압감에 시달리다가 자포자기(自暴自棄)한다. 또한 자식에게 좋은 환경을 제공하고 자주 칭찬해 주는 부모라도 외부의 열악한 환경을 항상 살펴주어야 한다. 이런 일도 부모가 해야 할 일이다.

　하지만 보통 부모라면 누구나 하는 말로 "너만 믿는다." "네가 우리 집안의 기둥이다." "너 잘되라고 하는 말이다." 이런 말을 반복하면서 자식에 대한 기대감을 충족하려 한다. 그러나 부모의 지나친 기대가 자식과 부모의 소통을 막는다는 것을 알아야 한다. 부모의 자식에 대한 지나친 기대가 자녀의 마음에 분노를 키우며 좌절하게 만든다.

자녀의 정신과 육체가 건강하게 성장하기를 바란다면, 부모는 기대를 접고 어떤 선택이든 자녀가 해 주기를 기다려 주어야 한다. 그래야 부모와 자식의 관계가 틀어지지 않는다. 부모와 자식이 서로를 이해한다면 그 이상의 성공은 없다. 이해하지 못한다면 힘들게 키운 자식에게 감정의 골을 깊게 파는 어리석음을 범하게 될 것이다.

자식의 장래를 위하여 부모는 자식이 스스로 자기의 인생길을 가도록 하는 게 좋다.
가정을 이루었는데도 부모가 간섭하고 자주 자식의 집에 드나드는 것은 절대로 해서는 안 되는 일이다. 현대인들은 누구든 약속하지 않고 찾아가지 않는다. 불쑥불쑥 결혼한 자식을 찾아가면 그 가정을 파괴하는 결과를 가져온다.

출가한 자식이 부모보다 자신의 가정과 처자(妻子)를 최우선으로 돌보는 것이 자연의 순리다. 부모가 이런 이치를 무시하고 효친사상(孝親思想)을 들먹이는 일이 없도록 해야 한다. 지금은 효(孝)가 역사에서 퇴장해버린 시대이다. 부모는 자식이 자신의 즐거운 삶의 방식을 찾아 살기를 바라는 바램을 가져야 한다.

부모가 시키는 대로 자식이 따르는 시기는 청소년 때까지다. 그 이후에 부모는 자식에게 없는 존재인 듯 빠져 주는 것이 좋다. 가정사에 사사건건 터치하면, 자녀의 앞길에 함정을 파놓고 빠지기를 기다리는 것과 같다. 자식은 절대로 제가 갈 길을 가지 못한다.

부모는 자식에게 "넌 성공할 수 있다"고 말하기 전에, 자식이 무엇을 하고 싶은지, 무엇을 잘 할 수 있는지 알고 있어야 한다. 자식이 하고 싶지 않은 일, 잘 할 수 없는 것을 강요하는 것은 자식을 실패하게 만드는 지름길이다. 부모는 자신이 못다 이룬 꿈을 자식이 대신 이루어주길 소망하지만, 자식이 가야 할 인생길은 부모의 인생길과 전혀 다르다는 것을 알아야 한다. 자식은 부모와 완전히 다른 사람이다.

인간은 탄생에서부터 가정이라는 혈연집단(血緣集團)에서 성장한다. 하지만 성격을 이루는 모체는 혈연과 환경이다. 여기에서 자식에게 친부모와 양부모는 동일한 관계를 갖는다. 자식을 사유화(私有化)하고자 하면 부작용이 따른다. 자식의 정체성과 존엄성을 존중해 주어야 한다. 특히 다문화가정에서 출생한 자녀가 있다면, 이 집안의 정체성이 자녀로 인하여 부모 반+반의 정체성으로 바뀌게 된다는 인식을 가져야 한다.

부모들은 자신의 몸에서 떨어져 나간 자식을 놓아주기 싫어한다.

그리고 절대 떨어질 수 없는 것으로 착각해, 혈연(血緣)만으로 묶여 있다고 생각한다. 그것을 천륜(天倫)이라고 말한다. 그러나 부모와 자식의 인생길은 엄연히 다르다.

    자식 키우는 일은 물리적으로 힘든 일이지만 정신적으로 더 힘든 일이다. 그러나 부모의 기대치는 자식이 감당하기 어려워, 중압감에 몸과 마음이 황폐해지기 쉽다. 자식이 어릴 때엔 부모의 간섭을 거부하지 못하지만, 성인이 된 후에도 부모의 간섭이 있다면 이는 자식을 죽이고 살리는 문제가 걸려 있으므로 당장 중지해야 한다.
    아무리 부모의 유전자를 받아 태어난 자식이라 하지만, 인간은 후천적 환경의 지배를 받는다.

4. 후회하는 결혼과 실수하는 결혼

　19세기 덴마크의 시인이자 철학자인 쇠렌 키에르케고르(1813.3.3.~1855.11.11.)는 그의 소설같은 에세이 '이것이냐, 저것이냐?'에서 "결혼은 해도 후회하고, 안 해도 후회한다"고 의미심장하게 말했다. 이 말은 결혼해 보았자 후회한다고 말한 것이다.
　결혼을 코앞에 둔 사람이라면 결혼해서 행복해지는 결혼을 하려 할 것이다. 행복은 행복하려고 노력하는 자에게 오는 것이지, 두려워하는 자와 후회하는 자에게 오는 것이 아니라는 믿음을 가질 필요가 있다. 아직 오지 않은 앞날을 미리 행복을 기대하는 마음으로 살기 시작한다는 것이 중요하다. 아직 오지 않은 미래를 불안한 마음으로 걱정하는 것은 어리석은 일이다.

"전쟁터에 나갈 때는 한번 기도하고, 바다에 나갈 때는 두 번 기도하고, 결혼할 때는 세 번 기도하라"는 러시아의 속담이 있다. 속담이라면 지혜의 결정체라고 말할 수 있는데, 결혼하려면 신중하게 결정하라는 지혜의 말이다. 기도해서 나쁠 것은 없을 것이다.

결혼은 사회구성원 중의 일부가 합의하여 이루어진다. 합의하지 않은 결혼은 있을 수 없다. 강요에 의한 결혼은 후회의 씨앗이 된다. 행복할 자신 없이 결혼했으나 행복할 수 있고, 불행할 수도 있다. 미래는 알 수 없는 것이다.
　깊이 있게 손익(損益)을 따지고, 행복(幸福)과 불행(不幸)을 따져 결혼한다고 해도 후회하는 결혼이 될 수 있다.

결혼한 자는 재혼, 삼혼, 사혼까지 가며 우왕좌왕(右往左往)해서는 안 된다. 대부분 자신을 모르고 분에 넘치는 상대를 찾다가는 불행한 실패를 맞는다. 결혼에 요행은 없다. 시작부터 끝까지 스스로 해결해야 하는 삶의 여정에서 최선을 다해야 한다. 실패에 동승 해주는 사람은 부모도 자식도 아니므로 자신의 노력과 인내가 필요하다.

청춘 남녀가 결혼에 성공한다고 해도, 시가(媤家)와 처가(妻家)라는 넘어야 할 태산준령(泰山峻嶺)이 입을 벌리고 있다. 시가와 처가가 결혼생활에 도움을 주는 경우는 극히 드물다. 가정경제에 짐이 되기도 하고. 개인의 취향을 살리는 데도 방해가 될 뿐만 아니라. 개인의 성공을 향한 욕구를 좌절시키기도 한다.

결혼자 대부분은 생활에 함몰되어 인생을 무의미하게 보내고 만다. 애석한 일이 아닐 수 없다.

결혼의 늪에 빠져서 허우적거리다가 천신만고 끝에 빠져나온 사람들에게 결혼은 악몽이다. 그는 다시 더 악몽을 꾸고 싶지 않다. 그에게 결혼은 인생의 실패이고 실수였기 때문이다. 이때 재혼 필요성의 우선순위 첫째는 안정된 분위기의 sex 이외에 1순위에 들 수 있는 것은 없을 것으로 생각된다.

이혼한 사람에게는 또다시 재혼(再婚)이라는 올가미가 아가리를 벌리고 그에게 다가온다. 결혼으로 가시밭길을 체험한 자들에게는 함부로 재혼이라는 또 다른 가시밭길에 발을 들이밀지 못하게 하는 두려움이 있다.

"인간이 저지른 최대의 실수는 결혼이다. 결혼은 판단력의 부족로 하는 것이고, 이혼은 이해력의 부족으로 하는 것이고, 재혼은 기억력이 떨어져서 하는 것"이라는 말이 있다. 그냥 웃어 버릴 수 없는 경구가 아닐 수 없다.

조선일보 국제 일반판에 도쿄 김수혜 특파원이 2017.08.19에 입력한 재미있는 기사가 있다.

"요코하마시는 쓰레기 분리수거의 불편을 해소하기 위해 NTT도코모와 함께 채팅로봇을 만들었다. 주민들이 인터넷으로 시청 분리수거 사이트에 접속해 채팅로봇 아이콘을 누르면, 채팅 창이 뜨면서 인공지능 채팅로봇이 "뭘 버리고 싶은지 말해 보라"고 한다. 약 2만개 버릴 물품이 입력되어 버릴 물건을 척척 알려준다.

일본 주부들이 장난삼아 "남편은 어떻게 버려야 하느냐"고 물었다. 이에 대해 채팅로봇이 반말로 한 대답이 화제다. "인간은 판단력이 없어서 결혼하고, 인내력이 없어서 이혼하고, 기억력이 없어서 재혼한다는 말도 있잖아. 인내심을 가져보면 어떨까."

일본 채팅로봇이 인내심을 가지고 살아가라고 말한다. 결혼을 앞둔 사람은 로봇의 충고를 참고해 볼 말이다. 결혼에 실패한 자들 마음

속 깊숙이 감추어 있는 부정적인 것들이 하나씩 고개 들어 결혼이 후회스러웠을 때 위와 같은 생각을 해 본 적이 있는지, 있다면 과연 판단력 부족으로 결혼을 한 것인지 생각해 볼 일이다.

결혼에 경험이 없는 사람 중에 결혼하고 싶어 결혼하는 사람이 대부분일 것이다. 결혼한 사람이라면, 결혼에 경험이 없는 사람들에게 결혼한 후에 후회하게 되더라도 결혼하라고 권하는 것이 정상이다. 인간은 결혼하도록 태어난 이성동물(異性動物)이기 때문이다.

성격 차이로 결혼하기 힘이 드는 경우가 아니라면, 다른 것은 맞추며 살아갈 결심을 하고 결혼해 보라고 권한다. 그런 결심을 했다면, 앞으로 살아가는 데에 무엇이 걱정될 것인가?

결혼하면 불행을 생각하는 사람은 불행해질 것이고, 행복을 생각하는 사람은 행복해질 것이다. 인간은 자기가 생각하는 대로 살아가기 때문이다. 두 사람이 행복할 것이라고 생각한다면 앞으로 2배나 행복해질 것이므로, 걱정할 일이 없게 될 것이다.

만약에 두 사람이 결혼하면 불행할 것이라고 생각하는 사람이라면, 부정적인 생각을 버리지 못하는 한 불행하게 될 것이다.

"부부는 스치는 바람에도 함께 웃지만, 혼자는 쓸쓸히 옷깃을 여민다."는 말도 있다. 우주만물(宇宙萬物)은 음양을 끼워 맞추는 이치로 남성과 여성이 음양의 이치대로 살아간다.

이혼은 배우자가 계산적으로 변해갈 때 한다. 재혼할 때는 사랑하는 사람을 만날 것이라는 확신으로 재혼한다. 결혼을 위한 사랑이 확고해지면 서로에게 위로와 보상이 된다. 결혼은 2사람의 영혼을 조직하여 이루어지는 만큼 함께 영혼이라는 직물을 짜나아 갈 수 있도록 노력해야 한다. 세월이 흐를수록 정은 더하고, 정이 넘치는 가정에서 사랑은 싹틔우기를 바란다. 정이 없어지지 않는다면, 사랑이 좀 식어도 축적된 정의 도움으로 결혼의 실수를 만회할 수 있을 것이다. 결혼의 실패는 새로운 사람을 만남으로서 결혼하여 받은 깊은 상처를 치유 받을 수 있을 것이다. 결혼으로부터 받은 깊은 상처는 다른 사람을 만나야 치유가 가능해진다. 하지만 그 치유를 받기 위해 하는 재혼, 삼혼의 수명은 회를 거듭할수록 짧아질 것이다.

재혼자는 초혼자보다 더 철저하게 손익을 계산한다. 삼혼자는 더 철저하게 손익을 계산한다. 그러므로 그들의 결혼은 계산된 사랑이라는 한계가 있다.

재혼하려는 자는 초혼했던 자보다 재혼에 실패할 확률이 높다. 그 이유는 초혼에서 받은 상처가 재혼으로 덧나기 때문이다. 재혼하려는 이유로 안정적인 생활을 위해서라고 대답하는 설문조사에 따르면 남성 46.2%와 여성 56.1%임을 보아, 초혼에서 받은 상처가 초혼자의 내면에 잠재해 있음을 알 수 있다.

재혼은 초혼보다 어렵다. 그러나 재혼이 필요하기에 성급하게 결정되는 경우가 많다. 재혼을 고단한 현실의 도피처로 생각하면 초혼에서 받은 상처가 해소되지 않아 계속 이혼으로 이어진다. 어느 상대를 만나든 세상에 공짜는 없다. 자신보다 상대의 좋은 환경에 무임승차하려는 생각이 있다면, "결혼은 실수"가 아니라, 다시는 일어설 수 없는 영원한 실패가 될 것이다.

제 3장

재혼

1. 반복되는 결혼
2. 가족은 꼭 이루어야 하나!
3. 졸혼의 출현과 이혼의 완화
4. 결혼, 왜 하지 못하는가?

결혼없는 동거시대

행복한 결혼 생활에서 중요한 것은
서로 얼마나 잘 맞는가 보다
다른 점을 어떻게 극복해 나가느냐에 있다.

1. 반복되는 결혼

　재혼은 이혼 후의 재혼과 사별 후의 재혼으로 나뉜다. 사별 후의 재혼은 이혼 후의 재혼보다 크게 문제가 되지 않는다. 문제가 되는 것은 이혼 후의 재혼과 사별 후의 재혼 모두가 혼인 당사자의 생각과 그가 처한 환경이 재혼에 부정적으로 영향을 미치는 경우이다. 그의 생각과 그가 처한 환경이 재혼에 방해가 되기 때문이다.

　그가 처한 환경이 부정적인 영향을 미치는 경우, 사회적 분위기와 국가적 현실이 결혼을 방해하는 올가미가 된다. 여기에서 과부(寡

婦)의 재혼과 이혼녀(離婚女)의 재혼에 결혼의 역사가 개인의 재혼에 영향을 미쳐왔음을 알 수 있게 된다.

우리 역사에서 과부의 재혼에 '결혼의 역사'가 걸림돌로 작용했던 때는 조선왕조시대 외에 다른 시대에는 없었다. 과거 우리 조상의 시대에는 한국시대(桓國時代)에서부터 고려시대까지 국가의 이념이나 정책, 빈부의 격차 등등이 여자의 재혼에 영향을 미치지 않았다.

『고려도경』은 송나라의 사신 서긍(徐兢, 1091~1153)이 1123년에 고려를 방문하여, 군대, 관부, 서민에 대하여 기록하여 정부에 보고한 일종의 정보보고서(情報報告書)다. 이 정보보고서에 고려 백성들의 이혼과 재혼에 대하여 다음과 같은 기록이 있다.

"고려 사람은 사랑과 재물을 중히 여기며, 남녀 간의 혼인에서도 가볍게 합치고 쉽게 헤어져, 전례를 법대로 따르지 않는다.(泛愛重財, 男女婚娶, 輕合易離, 不法典禮,)"고 하였다. 『선화봉사고려도경(宣和奉使高麗圖經)』권제19(卷第十九)』의 「백성[民庶」

위 기록으로 보아서, 백성의 결혼과 이혼과 재혼에 대하여 국가가 관여하지 않았음을 알 수 있다.

국가가 재혼에 영향을 미쳤을 때는 유교를 국가이념으로 채용했던 조선 시대로, 부녀자의 재혼에 걸림돌이 되기 시작하였고, 열녀문(烈女門)과 같은 극단적인 재혼에 대한 부정의 올가미가 결혼이념으로 여자들의 목을 조이는 목줄이 되었다. 이런 유교적 사회 분위기에서 여자의 불륜을 조리 돌림 하는 가학적(加虐的)인 사회적 형벌이 보편화 되었다.

조선의 법전에 동성동본불혼(同姓同本不婚), 처첩(妻妾)의 분변(分辨), 여성의 재가금지(再嫁禁止), 신분내혼제(身分內婚制)를 법제화한 것으로 보아, 가부장제(家父長制)를 공고하게 했던 것으로 보인다.

과부의 재혼은 과부의 자식으로 태어난 자를, 과부 인생의 혹들로 처리해야 한다는 골치 아픈 문제를 필연적으로 제기하였다. 자식의 성(姓)과 의부의 성이 다르기에 이 2개의 성을 어떻게 받아들여야 하느냐 하는 문제로 재혼녀를 괴롭혔다.

한국은 세계에서 유일하게 여자가 결혼 후에도 자신의 성씨를 그대로 유지하는 나라다. 하지만 자녀만큼은 부계의 성을 따라왔다. 이러한 가족제도가 오늘날엔 폐지되었지만, 생부의 성을 보존함으로서, 오늘날까지 혈족에 대한 자부심을 가지고 있다.

전 세계인들은 한국인의 관습에 대하여 깜짝 놀라는 것이 두 가지가 있다. 그 한 가지는 부인의 성씨 문제고, 또 다른 한 가지는 부인이 남편 통장을 관리하는 것이라 한다. 그만큼 우리나라 결혼문화는 가족 일체형 부부로, 일심동체(一心同體)의 형식을 취하고 있다.

서양 인구통계학자 파울 글리크(Paul Glick)는 "만약 이혼과 재혼이 오늘의 추세대로 늘어난다면, 미국 아이들의 약 절반이 성인이 되기 전에 재혼 가족 즉 이혼과 재혼을 반복적으로 경험하는 가족의 구성원이 될 수 있다"고 전망했다.

세계사를 보면, 미국 초대 대통령 조지 워싱턴(G.Washington)은 의부(義父)였다. 링컨(A.Lincoln)은 의부의 자녀였고, 그를 키운 사람은 의모(義母) 낸시(Nancy)였다. 또 제44대 대통령인 오바마를 비롯해, 포드(Ford)와 레이건(Reagan), 그리고 클린턴(Clinton) 등 훌륭한 대통령들이 모두 의부모 가족에게서 성장했다. 이렇게 현실적인 결혼문화를 보면 서양은 우리나라와는 크게 다르다.

미국의 기혼부부(旣婚夫婦)의 이혼율이 매년 높아가고, 10쌍 중 6쌍은 최소 한쪽이 재혼자다. 우리의 결혼문화도 미국과 같은 노선을 가고 있다. 재혼이 늘어나는 것은 비단 경제선진국들에 국한되지 않고, 우리 사회에서도 늘어가고 있어, 결혼 풍속도가 바뀌고 있다고 볼 수 있다. 이혼이 증가하면서 재혼도 함께 늘고 있음을 당연한 일로 받아들인다.

미국 소설가 마크 트웨인은 자신의 삶을 돌아보며 이런 글을 남겼다. "인생은 너무 짧아서 언쟁하고, 책임 추궁할 시간이 없다. 오로지 사랑할 시간밖에 없다. 이렇게 실패로 끝나버린 나의 결혼은 이혼 통계수치에 하나를 더하면서 안타깝게 보낸 많은 시간과 함께 과거로 흘러갔다. 이제 다시 재혼을 통해 깊고 편안하게 느껴지는 사랑을 찾아보자."

이 부분에서 나의 경험담을 이야기해 보기로 한다.

나는 내 나이 2살 때 생부가 타계하여 7살까지 홀어머니 밑에서 자랐다. 나는 7살 때 미동국민학교에 입학하였고, 그해에 일제의 식민지였던 조선에 소련이 참전하여 북쪽에서 청진(淸津)으로 밀고 내려오고, 미국이 원자탄 2발을 히로시마와 나가사키에 떨어뜨리자, 1945년 8월 15일 일본 천왕이 무조건 항복하였다.

맥아더 극동 군사령관이 일본을 접수하여 패전국(敗戰國) 통치를 시작했는데, 맥아더 장군은 전범 수뇌부를 처벌하지 않고 패전 일본의 국가통치에 그대로 활용하였고, 오늘날의 자민당은 그들의 자식들로 구성되어 일본을 통치해 오고 있다.

이 자민당 패거리들은 일제의 한국 강점에 대하여 전혀 죄의식을 갖지 않았다. 정치적으로 필요할 때마다 혐한감정(嫌韓感情)을 일으켜 일본국민을 오도하였고, 반한감정을 유발하여 자신들의 실정을 호도하는 데에 이용하였다. 우리가 일본 자민당 패거리들이 벌이는 혐한(嫌恨)놀이에 놀아나지 않으려면, 우리가 국력을 키워 국력이 일본을 능가하지 않으면 안 될 상황에 이르고 말았다.

내가 나의 가족사에 일본을 끌어들여 이야기하고자 하는 이유는, 미국과 일본과 한국의 통치관계(統治關係)가 내 집안의 가족사와 관련이 있다고 보기 때문이다.

명치유신(明治維新)에 성공하여 제국(帝國)이 된 일본은, 항공모함을 몰고 미국으로 가서 진주만(眞珠灣)을 폭격하여 제2차 세계대전을 일으켰다. 이때 미국에게 조선은 일본에 딸린 식민지이자 부용국(附庸國)으로서 전범국가(戰犯國家)일 뿐이었다.

당시 미일한(美日韓)의 국제관계를 재혼한 부부관계에 비유하여 말한다면, 졸지에 일본에게 폭격을 당한 미국은 독신여자(獨身女子)로 볼 수 있고, 미국을 공격한 일본은 미국을 강간하고 싶어 안달이 난 강간범(强姦犯)으로 볼 수 있다.

　일본의 미국 강간이 동기가 되어, 미국과 일본은 억지 춘향으로 재혼한 부부가 되지 않을 수 없었다. 미국과 일본이 재혼하여 부부가 되는 바람에, 미국은 울며 겨자 먹기로 강간범의 범죄를 용서해 주지 않을 수 없었다. 그러나 미국은 강간범의 자식이 된 일본의 전쟁공범(戰爭共犯)인 한국을 조금도 용서해 주고 싶은 마음이 없었다. 그러나 조선의 범죄를 용서해 주지 않을 수 없었던 이유는 조선인 중에서 걸출한 인물인 이승만(李承晩)이 나와서, 조선이 지금도 일제에 강간을 당하고 있는 중(中)에 있다고 울고 불며 자가변호(自家辯護)에 성공한 때문이었다. 사실 상해임시정부나 독립군이 일본 패망에 기여한 것은 아무것도 없었다. 또 김일성부대가 조선해방에 기여한 것도 아무것도 없었다. 조선이 일제로부터 해방될 수 있었던 것은 오로지 미국이 이 나라를 불쌍하게 보고 전범의 공범으로부터 해방을 맞게 해 준 것에 지나지 않았다.

　미국이 6.25사변 직전에 한반도와 일본열도 사이에 미국의 방어선으로 애치슨라인(Acheson line)을 긋고 철수해버린 것만 보아도,

미국이 조선을 전범국가로 취급하고 있다는 속내를 알 수 있다. 미국은 강간범 일본이 허리에 달고 들어온 전처(前妻-淸)의 자식을 눈의 가시로 여겨 새로 꾸민 미일(美日)의 재혼가(再婚家)에서 내쫓아버린 것이었다. 이때 이승만이 대한민국의 대통령이 되어 고함을 치며 한국을 떠나지 말라고 만류하였지만, 미국은 군사고문단만 남겨 놓고 한국을 떠나버렸다.

이제부터 다시 내 어머니 재혼 이야기로 돌아가기로 한다. 내 어머니가 내 의부(義父)와 재혼한 이유는 생활고 때문이었다. 남매 둘이 딸린 젊은 과부가 생활이 막막하여 내 의부와 재혼한 것이었다. 그때는 일제로부터 갓 해방된 당시라, 대다수 국민이 직업이 없는 것은 물론이고 먹을 것도 없어서 미국이 원조물자로 보내주는 밀가루와 분유와 옥수수를 먹고 살아야 하는 형편이었다.

내 어머니는 재혼하면서, 신문로의 셋집에서 이사하여 충무로 3가에 사는 의부의 집으로 이사하였다. 의부는 나를 일신국민학교에 입학시켜 주었다. 일신국민학교는 지금 폐교하여 없다. 어머니와 남매 사이에 의부가 끼어들어, 나는 직감으로 어머니를 의부에게 빼앗겼다는 것을 알게 되었다. 나는 의부가 내 친부(親父)처럼 대해 지지가 않았다. 항상 의부와 나 사이에 거리를 느껴야 하였고, 눈치를 보아야 하였다. 내가 일부러 그러는 것이 아니었다. 의부와 나 사이에 생긴 거리는 도저히 극복되지 않는 거리였다. 나는 어머니와 나 사이에 생긴 거리도 느껴야 하였다. 나로서는 너무 일찍 소외(疏外)가 무엇인지를 알게 된 것이었다.

어머니와 의부 사이에서 딸 넷이 출생하였다. 어머니와 의부 부부 사이에 딸들이 하나하나 끼어들었다. 나는 나와 아버지가 다른 동생들의 뒤로 밀려나지 않을 수 없었다. 누가 그렇게 하라고 말하지 않았음에도 불구하고 가족의 우선순위가 이렇게 정착되게 된 것이었다. 이것은 내가 본능적으로 느끼게 된 내가 속한 가족의 우선순위였다.

내 외삼촌이 나의 친부의 성을 의부의 성으로 바꾸어 준 때가 내가 중학생 때였다. 나에게는 아무런 상의가 없었다. 성의 변경 결정은 내가 해야 하는데, 어머니가 그렇게 하지 않은 것이었다. 어머니 나름대로 무슨 이유가 있었겠지만, 그 후로 나는 지금까지 의부의 성으로 살고 있다.

언젠가 자기의 어머니가 재가한 나의 친구가 내게 말했다. "야, 네 성을 찾아야 하는 거 아니냐?" 나는 내 성을 찾는 일이 수월치 않다는 것을 알고 있었다. 나와 관련된 모든 서류에 기록된 성을 바꾸어야 하기 때문이었다. 그래서 포기하기로 하였다.

　내 친구는 다행스럽게도 재가한 어머니가 그를 백부에게 맡기고 갔기 때문에, 성이 바뀌지 않았다. 나의 경우에, 나의 동의를 받지 않고 내 어머니가 나의 친부의 성을 의부의 성으로 바꾼 것은, 나의 인권을 짓밟고 나의 정체성을 바꾸어 버리는 범죄행위라고 생각한다.

　지금 우리나라는 주사파정권이 들어서서, 국민을 인민으로 부르고, 국체(國體) 자유민주주의를 인민민주주의로 바꾸고, 자유경제를 통제경제로 바꾸고, 행정시스템을 공산주의식으로 바꾸려 하고 있다. 애국가도 바꾸려 하고, 국기도 바꾸려 한다. 일개 정권이 국가와 국민에 대하여 저지르려는 이러한 국체(國體) 파괴행위는 새로 만난 남녀가 재혼한 집에서 전실(前室) 자식이나 전부(前夫) 자식의 성을 바꾸려는 행위와 조금도 다를 것이 없다고 생각된다. 이런 행위는 소위 국민의 인권을 통째로 말살하려는 범죄행위이고, 국가의 정체성을 바꾸려는 천인공노(天人共怒)할 범죄행위가 아닐 수 없다는 생각을 해야 한다.

　최근 이혼한 남녀들이 늘어가는 추세에 있으므로, 우리는 이러한 문제를 심각하게 생각해야 한다. 우리나라는 원칙적으로 아버지의 성과 본을 따르도록 하고 있다. 여기에 부(父)를 모르거나, 외국인인 경우에, 혼외 자녀 경우 등 민법에 자녀의 성과 본의 결정에 관해서 규정을 마련하고 있다. 예외적으로 부모가 혼인신고를 했거나 시어머니의 성과 본을 따르기로 협의한 경우에는 어머니(母)의 성과 본을 따라도 법적 보호를 받는다.

이렇듯 재혼은 가족관계가 복잡해지므로, 재혼 가족과 관련된 많은 특성을 사전에 충분히 파악해야 자기 의사와는 상관없이 두 번 이혼을 겪지 않게 될 것이다. 이혼이 가족사(家族事)에 얽혀 인생사를 헤쳐나가기 힘 드는데, 세 번 결혼할 수는 없지 않은가?

우리나라의 재혼가족(再婚家族)은 핏줄 중심인 끈끈한 정으로 뭉쳐 있기에, 초혼가족(初婚家族)과 사뭇 다른 특성이 있다. 재혼가족 구성원들 간에 완전한 합의가 있어도 자칫 잘못하면 오점(汚點)으로 오해되어 비난의 대상이 된다. 여기에서 고려해야 할 점은 이질적인 가족이 만나서 이질감과 갈등을 극복하지 못하면, 비뚜로 나가는 가족이 생길 수 있으며, 심지어는 자살자가 나올 수 있다는 것을 염두에 두고 조심해야 할 것이다. 이러한 이유는 각기 다른 환경에서 살아온 재혼의 당사자들이 심사숙고한 끝에 재혼에 이르게 되지만, 살다 보면 심사숙고한 결과가 쓸모없이 된다는 것이다. 상대가 대통령의 자식이 아니고, 예쁘고 착한 콩쥐도 아닌 못된 팥쥐라면 어떻게 될까?

재혼할 때, 내게 딸린 가족이 없으면, 문제는 달라진다. 하지만 재혼 후에 심각한 문제가 발생한다. 꿈꾸던 이상이 무너지는 순간 자신이 생각한 그가 아니라면 다시 이혼에 이르게 된다.

심리학자 찰스 로어리는 "대개 결혼식을 올리고 4주 후면 이 같은 결론에 도달한다."고 말했다.

두사람이 재혼하여, 끝까지 부부로 함께하고 싶다면, 많은 난관을 극복할 결심을 해야 한다. 결심한다고 해서 다 재혼에 성공하는 것은 아니다. 굳은 맹세가 헛맹세가 되는 순간에 절망한 마음은 초혼 때보다 더 빨리 이혼을 결정한다. 재혼이 파탄이 나는 원인은 바로 사랑이라는 말을 너무 쉽게 받아들인다는 데에 있다.

오늘날 서구에선 사랑하는 사람과 낭만적인 자유결혼이 이루어지기까지 150여 년이 걸렸다고 한다. 하지만 우리나라에서는 사랑하는 사람과의 결혼은 경제적 이해타산과 자기권리가 민주화의 영향을 받아, 전통결혼 공동체가 무너지는 데는 25년도 채 걸리지 않았다.

남녀 간에 혼전 성관계가 너무 쉽게 이루어지면서 혼외출산(婚外出産)이 긍정적으로 받아들여지고, 이혼과 재혼도 쉽게 결정된다.

2. 가족은 꼭 이루어야 하나!

　가족은 꼭 이루어야 하나? 결혼한 사람이 이런 질문을 받는다면 아마 갈등을 느끼지 않는 사람이 없을 것이다. 가족 구성을 전제로 하여 결혼이 성사(成事)되기 때문이다.

　가족은 단출한 부부로 가족 구성을 시작하여, 부부 사이에 자녀가 생겨 핵가족이 만들어진다. 여기에 직계 존속인 부모가 포함되어 소가족이 되고, 이어서 방계친족(傍系親族)으로 확대되어 대가족을 이룬다. 전근대 사회에서는 가족의 형태가 좀 더 넓었다. 조부모의 후손과 부모의 형제의 자손을 포함하여 8촌의 친족으로 확대된 후에 증조

부모의 후손을 포함했다.

　하지만 오늘날엔 경제적으로 영향이 미치는 기본단위인 핵가족을 가족이라 부르고 있다. 가족의 장점은 부모를 중심으로 하여 전통의 계승을 함께하며 공동체의식을 갖도록 하는 데에 있다. 이런 이유로 가족의 수에 결원이 생겨도 결원된 가족의 역할을 지금 있는 가족의 일원이 대신하기가 쉽다. 반면에 가족의 단점은 가족 구성원의 각자 다른 성격과 성향이 대립하면 설사 가족이라 하더라도 화합이 어려울 수 있다는 데에 있다. 가족 구성원의 수가 많아지면, 개인의 성격과 성향과 표현이 다양해짐으로 가족 구성원의 의사표시를 다 수용하기 힘들어진다.

　자식은 가족의 범위 안에서 부모의 보살핌을 받으며 성장해 왔기 때문에 부모에게 의지하려는 마음을 접지 못한다. 특히 장남이 부(父)에게 사업자금을 대달라고 하여 아버지의 퇴직금을 모두 탕진하는 경우가 이런 경우이다. 이때 가족은 파산하지 않을 수 없게 된다.

　혈연을 중시하는 가족이 처한 상황에도 불리한 생활환경의 개선 없이 가족 간에 야기되는 불편을 감수하고, 또 가족의 수가 많든 적든 추가로 가족을 더 만들 기대를 하지 못한다.

요즈음은 자신과 현실이 맞지 않아서 혼기(婚期)를 놓치는 사람들이 많다. 흔한 말로 눈이 높아서 자기에게 맞는 짝을 찾지 못하여 혼기를 놓치는 사람들이 이런 사람들이다. 또 직장을 구하지 못하여 생활이 되지 않으니까 결혼하고 싶어도 하지 못하는 젊은이들도 많다. 경제가 받쳐주지 못하면 아예 결혼은 꿈조차 꿀 수 없는 것이 현실이다. 요즈음 공부하며 결혼하는 학생커플들은 사라졌다. 또, 결혼하기 위하여 학업을 중단하는 커플도 사라졌다. 언제 결혼하게 될지 모르는 세태가 되어가고 있다.

이런 사람들이 많고 또 이들이 직업을 구하지 못하는 데에 국가도 일단의 책임이 있으므로, 국가가 이들이 결혼할 수 있도록 도와주는 방안을 강구해야 할 것이다.

2018년 2월 통계청 발표에 따르면 지난해 출생아 수가 35만 8,000명, 합계 출산율 1.05명으로 역사상 최저치를 기록했다.

우리의 저출산 문제가 청년고용이나 주거뿐 아니라 양질의 일자리나 성 평등 교육 등 많은 사회구조 문제의 결과라는 사실이다. 이러한 문제는 삶의 질을 높이기 위해서는 총체적 접근만이 저출산에 대응할 수 있다.

국가의 저출산 해법은 결혼을 늦게 하거나 안 하는 게 문제가 아니라, 만족하는 생활 기반을 마련하는 것이 우선이다.

과거 출산 장려책을 썼던 파시즘 체제의 독일이나 이탈리아와 달리 삶의 만족도가 높은 스웨덴 정부는 시민 삶의 어려움을 해결하기 위한 정책을 내놓은 결과 출산율은 높아졌다. 반면, 한국은 "상대적으로 임금 수준과 학벌이 높지만, 그에 상응하는 고용이 불안하다. 이러한 직업적 안정이 정규직 중심으로 사회보장과 복지확대가 정착되면서 부자만 더 부자를 만드는 불평등 심화가 불행한 심리로 작용하고 국민 삶의 질 악화를 가져왔다. 오늘의 낮은 출산율은 이러한 사회적 문제의 결과를 낳았다.

한국은 OECD국가 중 행복지수 최하위와 자살율 최고, 아동복지지출 최하위, 고용안정성 최하위, 노인빈곤율 최고 등을 기록했다.

우리의 '삶의 질'은 남수단이나 이라크 같은 전쟁 중인 국가보다도 못한 상태이며, OECD 국가 중 성 불평등이 가장 심한 나라로, 이슬람 국가인 터키보다도 열악하다.
오늘날 동거가 늘어나고 결혼 포기는 만혼이나 비혼이 아닌 삶의 질 때문인 것으로 풀이된다.

결혼 추세는 만혼(晚婚)의 결혼율을 보여주는데, 만혼은 결혼하기까지 오래 기다렸다가 하는 결혼인 만큼, 이들의 자녀 출산의 횟수도 늦어진다. 출산이 늦어지면 인구증가율이 감소한다. 인구가 감소하면 인구절벽(人口絕壁)에 충돌하지 않을 수 없게 된다. 인구감소가 궁극적으로 나라 멸망이라는 비극적 상황으로 가고 있다.

인구절벽은 미국 경제학자 해리 덴트(Harry Dent)가 2014년에 발표한 '2018년에 인구절벽이 온다'에서 제시한 생애주기(生涯週期)에서 소비가 정점에 이르는 연령대인 45~49세의 인구가 줄어들기 시작하는 시점을 말한다. (위키백과)

인구절벽의 이론에 따르면, 대한민국은 '인구절벽' 대비 시간이 2010년부터 앞으로 10년밖에 남지 않았다고 한다. (한겨레신문 보도) 2010년 6월 11일 자로 우리나라에서 첫 인구감소 보도가 나오면서 곧 한국에 밀어닥치게 될 인구절벽으로 국가가 멸망하게 될 것이라는 경고가 발해진 것이다.

출산율은 낮아지고, 혼인 가구 수가 줄어드는 현실에서 이혼 가구 수는 늘어나고 있다. 따라서 가정을 이룬 가구 수가 감소한다. 오늘날 이혼의 증가로 사회가 변화를 겪고 있다. 결손가정(缺損家庭)이 증가하고, 가족해체(家族解體)도 증가한다. 가정위기(家庭危機)가 사회의 안정을 파괴한다. 국가가 이 문제에 거국적(擧國的)으로 대처해야 할 시점에 와 있는 것이다.

가정은 국가를 지탱하는 기본단위이다. 가정이 해체되는 것은 국가의 기초가 무너지는 것과 같다. 가정경제의 몰락으로 가정이 해체된다. 우리나라 사람 대부분이 대수롭지 않게 생각하고 대처하지 않는 주사파(主思派)이념을 가진 자들이 득세(得勢)하였다. 이들은 국정 경험 부족, 능력 부족으로 가정경제의 몰락을 해결하지 못하고 있다.

가족 간에 자유민주주의(自由民主主義)를 버릴 수 없는 아버지 세대와 학교 교육으로 주사파 이념에 세뇌된 자식세대의 이질감으로 나타난다. 드디어 가족 간의 이념 대립이 사회적 갈등을 일으키고, 가정이 파괴되는 비극을 겪게 되었다. 가정파괴는 곧이어 사회 붕괴로 퇴보한다. 이러한 문제의식에서 우리 가정과 가족의 가부장성(家父長性)이 어떻게 약화되어 가는지 연구하고 대비해야 한다.

가족해체의 가능성은 사상이나 이념의 침투로 나타나기도 하지만, 타국문화의 유입으로도 나타난다. 타국문화를 한국에 유입하는 주체들은 한국의 남성과 결혼하는 타국의 여성들이다. 이들은 자식에게 모성이라는 무기로 한국인으로 태어난 한국인 1/2의 민족성에 자신의 모국의 민족성을 유입시킨다. 말하자면 베트남 여인이 한국남성과 결혼하여 낳은 자식을 한국인으로 키우려 하지 않을 수 있다는 것이다. 만약에 공산주의 국가 출신으로 공산주의 사상을 버리지 못한 베트남 여성이 자식에게 자기의 사상을 공산화된 베트남의 전통과 문화로 포장하여 주입하려 했다면, 한국 민족성 1/2을 가지고 태어난 자식은 아마 심한 정체성의 혼란을 겪지 않을 수 없게 될 것이다.

통계청의 발표에 따르면 2008년 다국적 여성이 국제결혼으로 농촌인구로 유입된 비율이 40%를 넘었다고 한다. 이 말은 농촌인구의 절반 가까운 인구가 국제결혼 한 이주여성으로 채워지고 있다는 말이 된다.

다인종. 다민족의 농촌 진입으로 우리나라는 급격한 사회변동을 겪고 있다. 다수의 이질적인 문화가 들어와 우리가 타국문화를 하나로 녹여야 하는 역할을 해내야 하는 짐을 지게 되었다. 우리 사회에서 다양하게 존재하는 문화 환경이 글로벌 가정으로 확대되어가는 **짬뽕 국가**를 만들고 있다. 다문화 가족 시대에 우리의 전통과 문화는 퇴색하고 우리나라에서 자리 잡지 못하는 정체불명의 다국적 전통이 생겨가고 있다고 볼 수 있다.

이런 이유로 대한민국의 전통적인 가부장제(家父長制) 가정은 다국적의 문화(多文化)로 인하여 가부모장제(家父母長制) 가정으로 바뀌고 있다고 볼 수 있다. 이렇게 한국 농촌이 변해가는 이유는 한국남성과 이주여성 사이에서 태어나는 2세들이 생겨나기 때문이다. 2세들을 한국인으로 키우기 위해서 다문화 여성은 자국의 전통과 문화를 한국의 전통과 문화에 융합시키는 노력이 필요하다.

그러나 문제는 다문화 모성에게 그런 능력이 있느냐가 관건이다. 이 부족한 부분을 국가와 자치단체가 보충해 주어야 한다. 국가와 자치단체가 이 부분을 보충해 주지 못하면 문화충격이 이주여성을 파괴하고 그의 가정을 파괴할 가능성은 높다.

대한민국은 이주여성을 유입시키면서까지 '가족은 꼭 이루어야 하나!'라는 의구심을 갖는다. 2021년 인구 대비 1인 가구 비율은 30.4%다. 가족을 갖기 싫거나 가족의 필요성을 느끼지 못하는 인구가 30.4%나 된다는 말이다. 이들이 자식을 생산할 수 없으므로 대한민국 인구감소의 원흉이 된다는 것은 불문가지(不問可知)이다. 이들을 국가의 공적(公敵)으로 여겨야 할지 말아야 할지는 가족주의자들이 판단할 문제로 보인다.

가족주의자는 일종의 꼰대 주의이다. 가족이 생기지 않거나 해체되면 나라가 망한다고 핏대를 세우는 자들이 가족주의자들이다. 가족은 꼭 이루어야 하나!라는 주장은 모두 가족주의에 반한다고 볼 수 있다. 우리가 가족주의를 중요하게 이어온 것은 모두 결혼하여 부모에게 효도하고, 자식을 낳아 국가에 충성해야 한다고 믿는 전통을 계승해 온 때문이다. 우리 역사에서는 조선왕조시대가 가족주의 시대였다고 볼 수 있다.

사회가 마을공동체에서 개인 분화사회로 넘어오면서, 대가족제도가 붕괴하여 핵가족제도로 변화하였다. 사회는 국가가 산업국가에서 중화학공업 국가로 발전하면서 산업체 주변에 아파트가 들어선 도시의 구조로 개편되었다.

우리 사회의 가족 구성은 여전히 혈연으로 구성된 직계가족 구성을 기본으로 하고 있고, 부계 가문의 정통성과 가통문화(家統文化)의 계승을 중요시한다. 그러나 현실에서 다문화가정의 출현 등으로 가족의 생각과 생활이 과거의 전통사회와 달라졌다.

이렇듯 다문화 가족이 증가하고, 미혼자와 독신자가 증가하고, 국민의 수명 연장으로 노인이 증가하고 있는 때 가족은 꼭 이루어야 하나!는 주장이 나왔다. 부양자는 줄고 피부양자는 늘어가고 있다. 지금은 가족경제가 가정을 지탱해 주지 못한다. 가족경제를 남편이 혼자 짊어져야 하는 책임은 줄어들지 않고. 가족의 행복도 책임지기 어렵게 되었다.

가장으로서 매사에 자신이 없는 남성들이 늘고 있다. 남편이 책임의 주체가 되지 못하는 것이다. 많은 가정이 맞벌이로 가정경제를 이끌어간다. 가정이 허약해지니, 자식을 꼭 가져야 한다는 관념이 없어져 간다. 따라서 가부장의 역할도 줄어든다.
과거엔 가족이 힘들 때 서로 돕고, 아플 때 위로받으며 살아가는 행복의 단위로 인식되었지만, 이제 결혼만으로 행복은 만들어지지 않는다. 앞으로 국민 개개인의 행복을 국가가 찾아주는 이상한 시대에 우리는 살게 될 것이다. 국민이 국가에 자신의 생활을 의지하려 하기 때문이다.

지금 우리나라의 비혼자, 미혼자와 독거자에게도 정부가 복지제도를 확충할 수 있다. 국가가 이들의 생활을 책임져주는 것이다. 국가가 이들의 의식주를 해결해 줄 수 있다면, 이처럼 환상적인 제도는 없을 것이다. 대신에 국가는 이들이 결혼할 수 있도록 조건을 붙여 주어야 할 것이다. 더 나아가서 자녀를 출산할 수 있도록 도와주는 것이다. 만약에 그렇게 할 수 없다면, 국가주도의 출산제도를 만들면 될 것으로 본다.

지금 시행 중인 실버뱅크 일자리 찾아주기 제도는 점차 성공의 길로 가고 있는 제도로 볼 수 있는데, 이 제도가 완전히 성공했다고 볼 수 없는 이유는 전적으로 의식주 해결이 안 되고 있다는 것이다. 의식주 문제가 해결될 수 있다면, 좋은 제도라고 말할 수 있다.

이러한 이유로 설사 젊은이들에게서 전통적인 결혼이 사라진다고 해도 젊은이들에게 출산의 가능성이 있으므로, 가족은 꼭 이루어야 할 필요성은 크지 않을 것이다. 지극히 인위적이고 조직적인 절차에 의한 결혼 없는 국가 출산이 생겨나게 될 수 있을 것으로 생각된다.

3. 졸혼의 출현과 이혼의 완화

　　남녀가 결혼해서 겪게 되는 불행과 행복, 이런 주제는 상당히 감성적이다. 슬픔과 행복이라는 주제가 힐링이 되기 때문에 이런 말을 할 수 있는 것이다. 결혼 후 맛보는 행복의 기간은 짧고, 고통과 슬픔의 기간은 길다. 이렇게 보면, 불행 앞에 고통이 전제되어 있다는 것을 알 수 있다. 기혼자들이 느끼는 슬픔은 결혼 후에 고통에서 오는 슬픔이다.

　　슬픔을 맞게 되는 경우는 다양하다. 결혼한 여자에게 고통을 주는 당사자는 남편이 아니라 남편을 제외한 시부모나 그 외의 시가의 가족인 경우가 대부분이다. 시댁과 처가 양가(兩家)는 처음 만나는 새 식구를 원초적 감정으로 대한다. 품어주기보다 시기와 질투의 대상으로 보고 공격한다. 시모의 공격은 도를 넘는다. 시누이의 공격도 만만치 않다. 이들의 공격이 이혼 사유의 첫 번째를 차지한다. 기막힌 일이 아닐 수 없다. 여기에 남편의 외도나 성격 차이, 양가의 가풍(家風)이나 생활문화가 다를 경우에 부부 쌍방이 당하는 고통은 극에 달하게 된다.

사랑의 유효기간이 끝나면 부부의 나쁜 생활 습관이 드러나고, 이를 겪는 당사자들이 받게 되는 스트레스는 말로 표현이 안 된다. 처음 몇 번을 '보기 싫다', '하지 마라' 등의 잔소리로 시작하다가 결국 큰소리를 내는 싸움으로 번지고, 그래도 진정이 안 될 때는 병으로 발전한다. 지쳐가는 일상이 반복되면서 결혼 당사자들은 부부의 책임감 때문에 사랑없는 가정생활을 지속시킨다. 가족에 대한 책임을 벗어날 때쯤 되면, 자식은 출가하고, 부부만 남겨지는 시간이 온다. 이때 부부는 하루 종일 함께 있어도 말 한마디 건네지 않으면서 수없이 반복되었던 일상의 권태를 벗어나지 못한다. 이러한 생활을 겪는 가정은 많다.

이렇다 보니 2004년 일본 작가 스기야마 유미코(杉山由美子)가 졸혼이라는 말을 해, 이혼 직전에 있는 세계인의 공감을 얻어냈다. 이 파격적인 '화두'는 우리나라에서도 볼 수 없었던 신종언어로 우스게 소리가 아니었다. 장년들은 졸혼을 받아들이는 반응을 보였고, 너도나도 이미 결혼생활이 깨진 상태라면 이혼보다 강도가 약한 의미의 졸혼을 받아들이지 않을 수 없었다.

졸혼 상태에 있는 부부가 가정이라는 울타리를 벗어나기 힘들었던 것은 자녀를 보호해야 하기 때문이었다. 하지만 언젠가는 졸혼을 졸업하는 때가 올 수 있을 것이다.

졸혼을 선택한 사람들이 늘어나면서, 지금까지 누리지 못했던 일상의 변화를 스스로 만들어 가기 시작했다. 가족관계는 유지되면서 생활패턴과 역할분담을 리셋해 자신을 되찾는 과정에서 즐거움을 찾는다.

졸혼에 장년들의 고뇌가 담겨 있다. 졸혼 자들이 수명은 늘어나고 은퇴 시기는 짧아 상당히 긴 공백기를 갖게 되는데, 사회적응이 어렵다는 데에 문제가 있다. 요즈음 장년의 졸혼이 청년의 비혼과 대비된다. 무언가 공통되는 점이 있을 수 있다고 보게 되는 것이다. 그것은 연애다.

2000년대에 들어와 결혼 초년생 신혼부부보다 20년 이상인 중년 부부 이혼이 더 늘어났다. 결혼이 필수가 아니라는 실상을 중년이나 장년층에서도 빠르게 받아들이고 있다. 졸혼에 대한 긍정적 반응은 "당신과 내가 함께 있는 것이 좋지 않고, 당신이 내 곁에서 없는 것도 좋지 않으니"라고 말한다. 피차 서로 안녕으로 끝낼 수 없을 바에야, 떨어져 살면서 법적인 혼인 관계를 지속하며 살아가는 것이 나쁜 것은 없을 것이다.

졸혼하는 여자는 누구의 아내와 엄마가 아닌 오롯이 자신의 이름으로 살고 싶어 한다. 이혼은 자녀나 가족, 친인척 등에게 상처를 주지만, 졸혼은 언제든지 만날 기회를 열어 두므로 부부 갈등 기간 동안 당한 상처를 치유할 수 있는 방법을 찾을 수도 있을 것이다.

졸혼과 돌싱, 미혼, 비혼 등의 생활 변화로 우리 사회에 자리 잡은 혼밥, 혼술, 혼영 같은 트렌드는 메타버스의 발달로 앞으로 다양화 다변화할 것이다.
졸혼이라는 단어가 사회적으로 공감을 얻고 있지만, 한 지붕아래 각방을 쓰며 '쇼윈도 부부'가 되는 것은 가급적이면 예방책이 세워져야 할 것으로 본다.

사회적 지위와 체면을 중시하는 동양에서는 1980년대부터 생겨난 새로운 졸혼가정(卒婚家庭) 출현으로 졸혼 부부라는 쇼윈도 부부를 보게 되었다. 결혼과 동시에 찾아오는 사랑의 유효기간이 끝나면서 졸혼 부부가 나타났지만, 졸혼 부부들은 자녀 양육, 경제적 이유, 체면 등 갖가지 이유로 한집에 동거하는 방편을 취했다.

졸혼 부부의 친숙한 관계는 유지되었고, 싸우는 일이 없어졌고, 물론 서로를 존중하였다. 그러나 애정은 없는 듯 보였다. 외견상 졸혼 부부의 관계는 사실상 결혼 부부의 별거와 다르지 않다.

하지만 졸혼에 대한 부정적 반응 또한 만만치 않았다. 우선 '졸혼'이라는 단어를 거부하는 경우도 있었다. 하지만 늘어나는 이혼을 조금이라도 줄이기 위해서 졸혼하지 않은 부부도 있었다.
특히 황혼이혼의 경우 '이혼 신드름' 현상에서 이를 막거나 연장함으로써 부부의 관계를 재고하게 되는 수단으로 자리 잡는다면 '졸혼'은 좋은 선택이 될 것으로 보였다.

졸혼은 이혼 직전에 와있는 부부 쌍방이 이혼 방지를 위하여 모색하기 시작한 새로운 생활이었다. 별거(別居)와 유사한 형태지만 서로 상대를 존중할 수 있다는 점에서 인성의 파괴를 막을 수 있었다. 이 '새로운 결혼형태의 변형에서 우리가 다행으로 볼 수 있는 것은 자식에 대한 사랑을 이들이 포기하지 않는 다고 볼 수 있다. 가정법원에서도 '이혼숙려제(離婚熟慮制)'를 시행하여 이혼으로 당하게 되는 자식의 피해를 막도록 하였다.

　　결혼 후에 맛보는 행복의 기간은 길지 않다는 것은 결혼 전에 습득해야 할 지식이다. 결혼 전에 상상하던 부부의 세계와 마주한 현실은 100% 다르다. 결혼하면 매일 매일 사랑하는 사람과 꿀이 뚝뚝 떨어지는 눈빛으로 어루만지며 비벼대며 살 것 같지만, 그 유효기간은 짧다. 유효기간이 짧으면 노력해서 길게 늘일 수 있겠지만 마음먹은 대로 되지 않는 것이 결혼생활이다. 그렇게 살아가는 것이 부부다. 시시한 부부싸움이 우리를 지치고 힘들게 한다.

　　배우자가 자신의 꿈을 이루게 해주지 않는다. 하고 싶은 것을 대신해 주지도 않는다. 둘이라 좋은 점과 혼자라서 좋은 점을 생각해 봐야 한다. 결혼하든 안하든 자신의 힘만으로 살아갈 준비가 되었다면 졸혼하고 살아가도 괜찮다. 그것을 실천할 수 있는 자신의 능력이 문제일 뿐이다.

4. 결혼, 왜 이성 간에 결혼하지 못하는가?

　　결혼을 할 수 있는 객관적인 조건이 모두 갖추어졌음에도 불구하고 결혼하지 못하는 이유는 정신적인 문제로 볼 수 있다. 그의 정신이 결혼을 받아들이지 못하는 것이다. 요즈음 사회가 동성자(同性者)를 용인하면서, 동성자 결혼을 지지하는 부류(部類)들이 생겨나기 시작하였다.

　　난잡한 성생활을 즐기는 자들도 동성자 결혼을 선호하는 자들만큼이나 결혼을 불필요한 일로 여긴다. 그들은 이성 결혼을 자유로운 성생활에 대한 간섭으로 생각한다.

결혼은 가정을 이루기 전에 해야 하는 통과의례(通過儀禮)의 한 단계이다. 가족은 인간이 생활하는 소단위(小單位) 혈연집단(血緣集團)이자 가족의 출발지이다. 가정은 남녀가 백년해로(百年偕老)에 뜻을 모아 마련한 생활공간(生活空間)으로 지켜야 할 것들이 있다.

국가에 헌법이 있고, 단체에 규칙이 있다. 가정에도 해야 할 것이 있고, 하지 말아야 할 것이 있다. 또 목적이 있고 비전이 있어야 한다. 자식을 낳아서 도둑놈으로 키우거나 살인마로 키우겠다는 부모는 없다. 훌륭한 가문의 일원으로 남기를 바라는 것이다. 그러므로 가풍(家風)과 조상으로부터 불문율로 받은 가법(家法)을 중시한다.

설사 오늘날 사회 변화로 비혼, 졸혼, 등이 출현하여 1만 년 역사를 이어온 민족의 혼의 기본 자료가 되어 온 데이터인 천부경(天符經), 삼일신고(三一神誥)와 홍익인간정신(弘益人間精神), 재세이화(在世理化)의 도(道) 등, 고매한 민족정신에 타격을 가하여, 기존의 정신문화의 새로운 철학과 사상이 필요해졌고, 도덕과 윤리등 고매한 민족정신에 타격을 가하여 도덕과 윤리를 시대에 맞도록 개선하여 국민을 교육해야 할 당위성이 생겼다.

결혼은 배우자에게 덕을 보고자 의도적으로 하는 결혼이 되어서는 안 된다. 그런 목적으로 결혼했다면 그런 결혼은 언젠가 파탄이 날 가능성이 높다. 가정은 물적 욕망이 채워지지 않으면 가정불화(家庭不和)를 피하지 못하게 된다. 쌍방의 의사소통(意思疏通)이 있어야 한다. 또, 가정의 목표만 지향하고 개인의 목표를 등한시하면 시간이 갈수록 결혼생활은 힘들어진다. 개인의 욕구 충족이 결핍될 경우 위험을 경계해야 한다.

경제적 수준에 따라 계급이 분류되는 비합리적인 현실에서 결혼을 왜, 하지 못하는지 핑계의 이유가 된다. 오늘날 경제 불평등이 양극화되면서, 결혼 불가능이 국가적 과제가 되었다.

경제적 능력이 부족한 남성은 결혼이 불가능해 지고, 비전 있는 여성은 평범한 결혼보다 자신의 역량을 키우는데 관심이 집중되어 있다. 오늘날 여성은 과거 어머니 세대와 달리 온전한 자신의 삶에 주력하고 싶어 한다. 능력이 출중하다면 더욱 그런 현상이 두드러진다. 부모가 이들의 앞날에 덫을 놓아서는 아니 된다. 자식은 부모의 전유물이 아니기 때문이다. 그들은 완전 독립체이다. 성공의 과제가 부모에게 있지 않고 자식에게 있기 때문이다.

현대 부부는 당연히 맞벌이로 돌아선 오늘날 맞벌이 이유가 경제에도 있지만, 쌍방의 가치와 기여도를 사회적 능력으로 평가하기 때문이다. 그래서 결혼 후에도 자기계발이 중요하게 생각한다. 요즈음은 자기계발이 데이터베이스로 저장되고 그것은 항시 따라 다니는 능력을 평가하는 자료가 된다. 앞으로 대학 졸업장과 학위는 무용지물(無用之物)이 될 것이다. 현재의 교육 시스템은 유능한 국민을 키워내는데 발목을 잡고 있다. 이런 이유로 대부분 대학이 존립의 가치를 잃어 사라지게 될 것이다. 인생 100세 시대에 나이가 개인의 능력을 평가하는 기준이 되지 못할 것이다. 공모제도가 없어지고, CEO는 능력자를 찾아다니게 될 것이다. 그래야 살아남을 수 있기 때문이다. 개인의 능력이 누구나 갖고 있는 것이 아니라 1/n 능력이 되기 때문이다.

결혼 자들이 집과 회사에서 자신의 몫을 다 하기란 쉽지 않다. 타인의 손을 빌리지 않고는 더더욱 불가능하다. 여성에게 가정은 결혼의 대가를 치러야 할 곳이다. 직장에서는 늦거나 바쁠 때가 있고, 가정에서는 아이가 아플 때나 갑작스러운 일들이 있을 때가 있다. 그때마다 직장에 어떤 중요한 일도 미루고 뛰어가야 한다. 그런 일로 직장에서는 미운털이 박힌다. 그것도 주어진 월차나 연차를 정당하게 쓰지만, 그에 대한 평가는 낙제점이다. 툭하면 늦고 빠지고, 회사 일은 심심풀이로 하느냐 등 이루 말할 수 없는 수모를 겪어야 한다. 아이가 성장하면서 위급한 일들은 줄어들지만, 자식이 아플 때 회사 일을 강행할 부모는 없다. 회사든 가정이든 한쪽을 선택해야 한다. 이러한 상황에 몰리면 가정은 온전할 수 없다. 남편이든 아내든 가정에서의 불협화음이 시작된다. 이때 슬픔과 후회가 몰려오고, 직장유지가 힘들어진다.

정부는 여성고용 보완대책을 내놓고, 국공립·직장 어린이집 등 환경 좋은 어린이집을 늘리는 데 주력한다. 하지만 결혼 후 부부는 출산과 아이 성장 중에 자기를 계발해야 하는 등의 어려움을 겪어야 한다. 이러한 어려움을 극복하는 데 자신이 없는 사람은 결혼하지 못하고 만혼자가 된다. 이들이 일상에서 받는 스트레스는 우리의 전통적인 가정을 멀리하는 이유가 된다. 사회구조의 급격한 변화가 국가와 가정 경제를 어렵게 하고, 만혼 자들은 결혼을 포기한다.

오늘날 대가족에서 핵가족, 1인 가족으로의 변화는 불과 3, 40년 세월이 만들어 냈다. 가족 형태의 변화가 빠르게 찾아온 만혼 자들에게 이혼이 늘어나는 추세 또한 결혼하지 못하는 이유다. 이처럼 사회는 한 부모와 자식으로 축소되거나 혼자 살아간다.

1인 가구가 늘어나면서 전반적인 사회 분위기도 1일 라이프스타일 중심으로 바뀌고 있다. 가족 중심의 행사는 사라지고 혼자 하는 생활에서 모임이나 사교활동이 온라인 안에서 이루어진다. 사람다운 인간미를 중시했던 시대에서 능력을 중시하는 시대로 바뀌면서, 능력이 모자라는 자는 결혼 대상자에서 제외된다. 사랑은 경제력과 학벌의 뒤로 밀려나지 않을 수 없게 된다. 그러나 오늘날 이보다 더 중요하게 된 것은 이들의 머리 속에 있는 능력이다.

사랑으로 짝을 찾던 의식에서 지금은 기본적인 학벌이나 집안의 경제적 능력이 결혼의 가치로 만족해야 그 안에서 사랑을 쌓는다. 이렇다 보니 유행어처럼 번지는 '결혼은 미친 짓이다'라는 유머가 사람을 웃게 만든다.

역으로 유머가 현실로 나타나면서 남녀는 서로 능력이 있는데 '내가 왜 결혼하지!'라는 생각을 한다. 그러니 결혼해 자식 키우며 고생하기 싫고, 편히 즐기면서 살고자 한다. 이러한 현상은 갈수록 팽배해지고, 희생이 따르지 않는 사랑이 존재하는 세상이 되었다.

이처럼 경제이념이 판을 치는 나라에서 결혼조건은 쌍방의 건전한 생각의 합의점이 아니다. 하지만 현실은 가깝고, 꿈은 멀리 있어, 결혼은 필수가 되지 못한다.

사랑에는 조건이 필요 없다. 결혼 못 하는 이유는 집이 없어서가 아니라, 진정한 사랑이 없기 때문이다. 진실한 사랑 앞에는 그 어떤 것도 장애가 되지 않는다. 대부분 사람이 결혼하는 이유를 사랑이라고 말하지만, 손익계산에 맞지 않기 때문에 결혼하지 못하는 것이다. 부부는 가족 안에서 독립적인 존재이고, 정체성이 서로 다른 존재이다. 결혼은 존경과 신뢰를 바탕으로 성사된 보완적인 동반자 관계에 있으므로 스스로 결혼을 왜 하지 못하는지, 그 이유를 찾아야 후회 없는 삶을 살 수 있다.

제 4장

혼자여서 좋다

1. 날개 단 미혼
2. 비혼과 동거
3. 비혼 출산의 미래
4. 결혼을 퇴장시킨, 독신주의자

결혼없는 동거시대

행복한 결혼 생활에서 중요한 것은
서로 얼마나 잘 맞는가 보다
다른 점을 어떻게 극복해 나가느냐에 있다.

1. 날개 단 미혼

우리나라 미혼율이 사상 50%를 돌파했다. 30대를 기준으로 한 미혼율은 남성 비중이 처음 2020년 9월 50%, 여성은 3명 중 1명은 미혼을 선언했다.

30대 미혼율이 늘어나는 이유는 젊은 세대의 결혼문화 자체가 바뀌고 있기 때문이라는 분석이다. MZ세대라 불리는 청년층은 과거 절대적인 삶의 과정인 결혼을 필수가 아닌 선택으로 보고 있다.

지난해 취업포털 '사람인'이 MZ세대를 대상으로 설문조사를 한 결과 응답자의 72%가 "결혼은 필수가 아니다"와 80.9%는 "향후 자녀 출산이 부담스럽다"고 응답했다. 이와 같은 변화는 생활에 직접적인 원인이 되는 주택난이나 취업난의 심화로 결혼을 늦추거나 아예 하지 않는 것이다.

정부는 30대 미혼율이 50%를 넘어선 것에 대해 우려를 나타내는 상황에 이르렀고, 남성의 결혼 시점이 여성보다 늦은 점을 고려해도 30대 남성 미혼자 약 173만 명, 여성 미혼자 107만 명보다 70만 명이 많아 비정상적인 가정이 늘어나고 있다. 이러한 현상은 여성의 학력이 높을수록 미혼율이 높게 나타나고 있다.

이제는 결혼 자체보다 삶의 질을 우선으로 두고 결혼을 결정한다. 최근에는 저출산의 주요 원인이 사회적 문제로 부각 되고 있으나 당국은 체계적이고 분석적인 연구가 안 된 상태에 있다. 그러나 우리가 상식적으로 생각해 보아도, 여성이 아직 경제적으로 독립하지 못했으며, 자기가 좋아하는 사람을 만나지 못하고 있다는 것을 추측할 수 있다.

상대가 없어서 미혼이나 단독가구(單獨家口)로 살아가는 세대들은 혼전 동거에 대하여 이를 용인하는 개방적인 태도를 보였고, 미혼

여성보다 미혼남성이 이를 받아들이는 호응도(呼應度)가 높았다. 여성들은 누구나 접근이 쉽지 않은 세계의 무대에서 활동하기를 원하고, 결혼생활이 불편하다는 것을 미혼의 사유로 들었다. 미혼 여성들은 경제적 독립을 확실히 다져 나가는 데 집중하고 있다.

이렇다 보니 현실에 불편이 없고 경제력이 있는 여성은 결혼에 적극적이어야 할 이유가 없어졌다. 과거에 여성이 남편의 보호를 받아야 한다는 애정 조건이 결혼에 있었던 시대는 지나갔다.

요즘 남성이 필요한 경우 경제력으로 해결한다. 마음대로 여유시간을 활용할 놀이나 취미활동 범위가 넓어졌다. 미혼들이 가장 크게 걱정했던 자식 없는 노후의 안위도, 사회복지나 개인 취향에 맞는 시설이 늘어나므로 오히려 자식에게 의지하는 것보다 복지제도에 맡기는 노후의 삶이 가능해졌다. 외로움은 주변 사람들과의 관계증진이나 봉사활동으로 극복할 수 있고, 사회봉사를 함으로써 자긍심과 보람을 느낄 수 있다. 이들의 라이프스타일은 성의식(性意識)이나 사회관, 인생관, 여유, 자아관의 뚜렷한 변화를 보인다.

혼자 있어도 경제만 받쳐준다면 외로울 시간이 없다. 이처럼 미혼의 라이프스타일 변화는 안정적이면서 건실한 형태로 구체적으로 영

위해 나감으로, 습관성과 보수성을 탈피하고 있다. 여기에다 자유롭게 유행을 주도하는 스타일을 구사함으로, 화려한 싱글로 타인에게 부러움의 대상이 되고 실속 있는 삶의 패턴을 보인다.

자아충실형(自我充實形)의 미혼자는 진보적인 성 인식으로 자기계발에 올인하며 사회참여에 적극적이다. 이들은 자발적인 변화로 활기찬 미혼을 선택한다. 어쩌다 결혼을 하지 못한 경우의 미혼자는 과거의 관습을 탈피하지 못하여 보수적인 성격을 띠기도 하지만, 미혼여성으로서 갖는 성 인식은 보수적이다. 결혼에 관해서 아직 부모의 영향을 받는다.

남성의 배우자 선택 조건이 여성보다 우월해야 한다는 생각이 미혼남성에게 아직 상존해 있고, 성 평등에 있어 남성이 우월한 입장에 있다는 생각에 아직 변함이 없다. 혼전순결(婚前純潔)은 지켜야 하고, 혼외성교(婚外性交)도 허락할 수 없다는 점에서 엄격했다. 혈연(血緣)의 순결성을 요구하고 있다. 특히 어머니의 연령대에 따라 결혼의 필요성 여부를 달리 해석하며, 결혼 동기나 금기 사항은 가계의 장남으로 부모 돌봄, 아들 선호 등에 생각의 차이를 보였다.

우리나라의 미혼자들이 결혼이 늦어지거나, 비혼으로 생기는 출산율 저하는 심각한 상태에 있고, 그 원인 중의 하나는 결혼조건 충족이 불가능하여 생기는 미혼이다. 최근 미혼으로 생기는 결혼조건의 증가는 교육수준이 높다거나, 직장에 대한 인식도에 따라서 결혼에 큰 영향을 미치고 있음을 알 수 있다.

우리나라 미혼자 중 이성 교제를 하는 사람은 10명 중 3명에 불과한 것으로 나타났다. 이들에게 부족한 경제가 이성 교제를 막을 뿐만 아니라, 결혼 지연에 이르기까지 걸림돌로 작용한다.

한국보건사회연구원은 2021년 공개한 보고서에서 '최근 미혼 인구의 특성과 동향, 이성 교제를 중심으로'에서 다음과 같이 밝혔다.

'결혼과 출산에 관한 국민 인식조사'에 참여한 18~49세 미혼자 1,500명 중, 이성 친구가 있는 남성은 33.8%, 여성은 35.6%였다. 25세 이상에서는 남녀 모두 연령이 높을수록 이성 교제 비율이 감소했다. 감소요인은 경제적 이유다. 경제 활동 유무로 이성 친구의 유무가 결정된다. 애인을 만들지 못하는 이유로 바빠서 연애할 시간이 없다는 통념은 사실이 아닌 것으로 나타났다. 왜, 많은 미혼 남녀가 결혼을 늦추는가? 만혼화 현상을 억제하기 위해서라도 사랑하는 남녀가 늘어나야 한다는 인식이 필요하다.

만혼자들에 대한 인식 전환이 필요한 것은 동거시대의 미혼 모들과 연결된다. 국가적 차원에서 미혼모에 대한 법제화나 처우가 있어야 한다.

세계 최고의 복지국가인 호주는 미혼모들의 천국으로 알려져 있다. 정부나 사회단체는 파격적인 혜택으로 미혼모를 지원하고 있다. 하지만 아무리 미혼모 혜택이 좋아도, 절대 미혼모가 늘어나는 것은 방지해야 하는, 동거시대의 결과는 편모나 편부로 나타난다. 이로 나타나는 폐단은 자녀의 성장이고, 행복할 수 없는 사회의 어두움이다. 자식은 편모나 편부와의 생활에서 행복을 느끼지 못한다.

영국성공회 산하 교회와 웨슬리미션 등 여러 종교 단체에서 미혼모들을 위한 각종 교육프로그램 운영하고, 국내에서도 교육프로그램이 운영되고 있다. 여기에 미혼모의 육아 문제나 교육지원이 부족하지만, 도움을 주고 있는 것은 사실이다.

하지만, 현재의 국가적 현실에서 미혼모들은 살아가기 힘들고, 사회에 떳떳하게 나서기도 어렵다. 나라마다 미혼모가 넘치고, 여기에서 출생한 아이들의 미래가 걱정되는 시대에 우리나라 미혼모들이 행복한 미래를 보장 받을 수 있는 법과 제도를 정비해야한다. 이들이 마음놓고 여성의 권리를 행사할 수 있는 인식전환이 필요하다.

2. 비혼과 동거

요즘 결혼하지 않고 동거하는 남녀가 늘어나고 있다. 무결혼(無結婚) 동거를 거부하던 시대에 결혼하지 않은 동거는 부정한 행위였다. 이런 주장은 반드시 정조를 지켜야 한다는 윤리관에서 나온 주장이었다. 정조 지키기를 우선으로 했던 남녀가, 이제 쾌락과 즐거움 쪽으로 방향을 바꾸니까 부도덕한 행위를 드러내놓고 한다고 보게 된 것이었다. 결혼이란 남녀가 행복하게 살기 위하여 만나서 함께하는 공식적인 행사인데, 그렇게 하지 않는 동거를 비도덕적인 행위로 보지 않을 수 없었다.

결혼없는 동거시대는 행복이 담보되는 시대로 보기 힘들다. 행복하게 출발한 결혼이라 해도 오랜 기간을 함께 사노라면 이런저런 이유로 풍파를 맞지 않을 수 없는 경우가 생긴다. 외부적인 요인에서 오는가 하면, 내부적인 요인으로 나타나기도 한다.

여성가족부는 2020년 '비혼 동거 실태조사' 결과를 발표했다.
한국여성정책연구원은 전국 19~69세 남녀 중 현재 비혼자로 동거 중이거나 동거 경험이 있는 3,007명을 대상으로 온라인 설문조사를 진행했다. 중앙 정부 차원에서 동거인 실태조사가 이번이 처음이라는 것을 보아, 이 시대가 결혼없는 동거시대 되었음을 알 수 있다.

이 조사에서, 동거하고 있는 커플의 만족도나 갈등 모두 높게 나타났다. 현재 동거에 만족한다고 대답한 비율은 전체의 63%이다. 하지만 지난해 결혼한 부부를 보면 배우자와의 관계에 만족한다고 응답한 비율은 57%였다. 이처럼 비혼 동거자의 만족도는 6%포인트 더 높다. 이러한 만족도 조사는 해마다 높아지는 추세로 우리나라 결혼문화의 변화를 실감할 수 있다.
동거인은 결혼한 부부보다 더 평등한 생활로, 남자의 가부장적 행동이 적거나 없는 것으로 추정된다. 동거인들 70%는 장보기나 식사 준비, 청소 등의 가사노동을 분담함으로 불만이 높지 않았다. 하지만 결혼한 부부들은 아직까지 남편이 일하고 여성이 집안에서 가사 일을 하며 결혼생활의 안정을 찾으려 한다. 결혼 없는 동거인과 달리 결혼한 부부 중에는 가사노동을 분담한다는 응답자가 26.6%에 불과했다.

가정불화가 심화 되는 경우 자녀가 커갈수록 자녀의 양육과 교육에 대한 의견의 차이를 보이게 되고, 의견대립은 좁혀지지 않아 마찰로 발전하는 경우이다. 이들의 결론은 양육과 교육을 똑같이 분담하는 것이다. 설문조사에서 자녀의 양육과 교육을 분담한다고 응답한 동거자가 61.4%로, 결혼한 부부 39.2%보다 높았다.

반면 동거자는 갈등을 더 많이 겪는 것으로 나타났다. 동거자의 67%가 최근 1년 동안 동거인과의 갈등이나 의견 충돌을 겪은 적이 있다고 답했다. 결혼한 부부 중 배우자와 갈등 및 의견 충돌을 겪은 적 있는 비율(47.8%)보다 20%포인트 더 높았다.

동거자의 평균 나이는 38.8세로 조사됐다. 연령대별로는 30대가 33.9%로 가장 많았고, 40대 24.5%, 29세 이하가 22.5%로 그 뒤를 이었다. 동거하는 이유에 대해서는 '별다른 이유 없이 자연스럽게' 하게 되었다가 38.6%로 가장 많았다. '곧 결혼할 것이라서'(23.3%), '아직 결혼하기에는 이르다고 생각해서'(27.4%), '집이 마련되지 않아서'(25.6%) 등도 이유로 꼽혔다.

　　동거자들이 늘어나면서 동거에 적응하지 못해 갈등을 겪는 경우도 적지 않은 것으로 보아, 사회가 이를 관습이나 법으로 용인하는 것이 아직 시기상조(時機尙早)로 보인다. 동거에 대한 사회적 인식이 낮은 만큼 동거에 대한 법적 해석도 분분하다.

　　그러나 비혼 동거에 대한 인식이 긍정적으로 개선되고 있어, 현실과 법 사이에는 괴리가 있다는 지적이 있다. 법적으로 혼인신고를 하지 않다 보니 각종 제도적 지원이나 혜택을 받지 못해 가족형성에 무리가 따른다.

　　동거자들은 가장 필요한 배우자를 정책적으로 보호자로 인정받지 못하고 있다. 긴급 수술이나 위험에 동의할 수 없어 제동이 걸린다. 동거자를 법적인 배우자로 인정받지 못하여 동거 중에 출생한 자녀에게 불이익이 가고 있다.

　　대한민국에서 부모의 지위가 인정(61.6%)되지 않는 동거는 공적으로 가족복지서비스를 받지 못하고, 주거지원(住居支援) 제도에서도 빠져있다. 이렇게 합법적인 수혜자가 되지 못하는 실정에서 동거자 2인의 만족도가 낮아 앞으로 국가의 미래에 부정적인 영향을 주게 될 것이다.

비혼선택을 하는 사람은 결혼이 단순히 성인 남녀가 함께 사는 것만이 아니라는 점을 잘 알고 있다. 여성이 결혼하는 경우 가사노동, 육아전담, 경력단절을 모두 감수해야 한다. 이러한 난관(難關)을 견딜 자신이 없어, 결혼을 포기한다.

비혼을 택하는 이유는 다양하다. 결혼을 거부하는 배경에는 자발적, 비자발적 요소들이 뒤섞여 있다. 경제적 어려움과 가정이라는 굴레가 싫어서, 또 포기해야 할 개인의 자유 등이 주된 이유이다. 그러나 가장 절실한 이유는 배우자가 없다는 것이다.

남성들의 비혼 선택의 이유는 경제적 문제가 가장 크고, 경제적 문제가 결혼을 포기하게 한다. 과거 절대적 결혼 시대에서는 가족 아니면 의지처가 없었던 때라 결혼하지 않을 수 없었다. 그러나 지금은 다르다. 오히려 독신생활이 결혼보다 더 편하다는 것이다.

반면에, 여성들은 가사노동으로 인한 자유의 박탈과 시댁과의 관계가 결혼을 포기하고 비혼을 택하게 한다. 가족이라는 이름의 울타리가 결혼의 안전을 담보하지만, 시댁은 불안과 공포의 대상이 되고 있다. 대부분 귀하게 자란 외동들이 겪어야 하는 육아나 가정사에 자신을 희생하는 것은 엄청난 스트레스가 된다. 여성들은 대부분 이런 희생을 감당하지 않으려 든다.

우리나라에서 동거 경험이 있는 대학생과 동거 경험이 없는 대학생의 미혼동거(未婚同居) 실태는 차이를 보인다. 21.1%가 미혼동거 경험이 있었다. 미혼동거 경험은 성별과 연령, 월수입에 따라 상당한 차이가 있다.

혼전 성관계에서 형성된 여성의 성에 대한 인식은 대부분 부정적인 반응인 억압적 피해의식을 갖고 있었다. 여성의 성에 대한 부정적인 인식은 여성이 당하는 성에는 사랑과 결혼의 불일치에서 오는 것이었다. 성관계에서 남녀의 힘의 우열이 나타나며, 남성의 폭력에 여성이 순응하게 된다는 것이다. 그러나 여성의 심리는 자신이 관계를 주도하기를 바란다.

또 여성은 피임을 요구받는다. 미혼여성의 피임은 당사자들의 합의에 의해 이루어지지만, 요즘은 여성의 피해의식이 높아지고 있어 성관계를 스스로 결정하고 동거에 연연하지 않는다. 임신을 차단하는 방법으로 성관계를 기피 해 임신을 부담스럽고 피하고 싶은 문제로 인식한다.

미혼자들은 임신으로 인한 피해로 결혼이나 비혼 동거에 악영향으로 인하여 국가의 인구 감소로 연결되며, 또한 국가가 인구절벽에 이르게 하는 원인을 제공하기도 한다. 우리는 젊은이들의 비혼과 동거가 단순히 개인의 선택에 의한 결정으로 해결될 문제가 아니라는 것을 깨닫지 못하고 있다. 혼전 성관계와 임신이 알려지면 안 된다는 사회적 시선으로, 낙태는 가장 손쉬운 대안으로 받아들여지고 있다. 낙태 행위는 혼전 성관계의 결과로 드러난 윤리와 도덕과 법의 파괴행위로 나타나고 있다. 또 성관계에서 드러난 남녀의 힘의 우월성은 아직 우리 사회에 남아 있는 가부장제의 유습으로 볼 수 있다.

3. 비혼 출산의 미래

　　혼전출산(婚前出産)은 결혼하지 않고 아이를 낳는다는 것을 말한다. 그 말을 꺼낸다는 자체를 사회는 아직 받아들이지 않는다. 혼전출산에는 결혼하기 전의 출산과 비혼출산이 혼재되어 있다. 이런 경우에 출산에 대한 결정은 동거자인 남성이 하는 것이 아니라 출산자인 여성이 한다. 출산은 여성의 고유 권한이 된다. 따라서 출산은 여성의 권리가 아니라 권력이 될 것이다. 출산을 원하는 여성이 단체를 결성하여 국가와 합의를 할 수 있다. 국가에 필요한 2세의 출산을, 미래에 필요하게 될 어떤 인간형의 아기를 출산할 것인가를 결정하도록 압력을 행사할 수 있다. 출산의 수요와 공급을 조정하는 것이다.

　이런 업무를 수행할 수 있도록 문화개선과 법제도를 고칠 수 있다. 양(陽)의 해에는 남성을 대통령으로 뽑고, 음(陰)의 해에는 여성을 대통령으로 뽑는다. 이런 것이 양성평등이다. 결국, 앞으로 국가 경제를 주도할 사회는 출산 권력을 가지고 있는 모성 중심의 사회가 될 것이다. 앞으로 갈수록 결혼은 필요 없게 될 것이다. 결혼에 향수를 느끼는 남녀는 홈스테이 제도를 만들어, 일정 기간 동안 동거하며 결혼생활을 할 수 있도록 해 주면 될 것이다.

　인간을 탄생시키는 것은 여성의 특권이지만, 남성 즉 수컷 없이는 생산될 수 없는 일이다. 인간은 혼자서 태어날 수 없다. 그런데 요즘 남녀가 만나지 않아도 아이를 만들어 내는 사회가 되어, 허용될 수 없는 일이 일어나고 있다. 결혼하지 않고 아이만 가지고 싶어 하는 사람들이 생기기 때문이다.

　생명의 연속성은 인류의 역사에서 최초의 생명이 탄생한 이래로 수만 년에 걸쳐 유전 정보를 전달해 왔다. 다양한 환경에서 오늘에 이르기까지의 연속적인 생물학적인 특성을 가진 유전인자를 후세가 갖도록 해 온 것이다. 특히 인간에게는 생식과 발생으로 인한 유전자와 형질발현, 진화에 이르기까지 생명의 연속성이 존재한다. 그러나 이제는 발생의 과정이 생략되며 세포분열, 생식과 발생, 유전, 형질발현이 진화되고 있다.

이때 사회적 문제로 대두되는 것은 인간의 기본적인 정서 파괴될 수 있다는 것이다. 남녀가 공동으로 노력하여 생명을 생산하던 체계가 무너지고, 무너진 자리에 맞춘 시스템을 변형할 수 있는 사회질서가 새롭게 만들어지고 있다.

여성이 결혼하지 않고 인공수정으로 아이를 갖는다면, 아바타형의 복제인간이 다양으로 출생하게 될 것이다.

인간은 하나를 얻기 위해 그에 상응하는 대가를 치르는 것이 이치요 순리다. 노력 없이 얻어지는 것은 아무것도 없다. 단 물질적 이득은 노력의 대가로 교환되지만, 가끔은 발달한 의료기술로 얻어지기도 한다. 이러한 논리로 아이를 얻을 수 있다면, 인간이 아바타 상품으로 거래될 수 있을 것이다. 그러므로 요즘처럼 비혼 출산은 현실적으로 사회안전망이 취약한 상태에서 절대적인 금기 사항으로 다루어져야 한다는 측면이 있다.

시대가 변해도, 생명의 기원이나 진화의 핵심사건을 다룬 이론이나 유전자 변이에 따른 성과 유전적 조합은 용인하지 않아야 한다는 우려의 목소리가 있다. 그러나 그런 시대가 아직 온 것이 아니므로, 이런 망상에 가까운 미래예측이 현실이 되지 않도록 하기 위해서는 모성의 활용이 필요하다고 본다.

어떤 동물이건 생명체는 귀중하고, 그중 인간의 생명은 신이 재생과 윤회를 다루는 영역에 속해 있다. 그러므로 인간의 탄생에 대하여 인간은 겸허하고 신중해야 할 것으로 생각된다. 감히 중구난방(衆口難防)으로 왈가왈부(曰可曰否)해서는 아니 된다.

근대 인간의 탄생이 무엇으로 어떻게 어디에 연결되느냐에 따라서, 다양한 삶으로 나타난다. 인간의 삶은 역사와 문화를 남긴다. 그것은 오랜 세월에 걸쳐 만들어져 온 인류의 유산이다.

자녀를 출산하고 양육에 있어, 필요한 자원을 어떻게 배분하고 어떤 형태로 바뀌어야 하는지에 대한 행정적, 정책적 지원이 시급해졌다. 여성들은 법정 출산휴가조차 제대로 사용하지 못하고 있다. 출산이 줄어들고 개인적 성향에 따른 비혼 임신과 출산에 관심이 저하되고 있다. 이제 배우자가 누구인지 모르는 출산의 사례가 나오기 시작했다. 여기에 산후조리의 전 과정이나 양육에 적극적으로 참여하는 전문가들이 나타나 출산을 상업화하고 있다. 경제력만 있다면 아이를 혼자 낳아 키우기 편해진 것이다. 그러므로 비혼모들이 출산한 아이의 성장이나 출산에 따른 부작용을 사전에 차단할 법적 근거를 만들어, 정부의 적극적인 보호와 지원 및 관리 감독과 교육과 홍보가 필요해졌다. 보육시설이 턱없이 부족한 상태에서 현실적으로 비혼모에 대한 이해는 고려대상이 아닌 것으로 보인다.

요즘 4B(비연애, 비섹스, 비혼, 비출산)라는 가치관의 형성으로 20대 여성들의 역할과 경험이 사라지고 있다. 국내에 여성들의 외침, 나는 "4B의 삶을 살기로 결심했다."는 이유는 무엇일까, 청춘남녀가 연애하지 않는다면, 얼마나 삭막한 세상에 이를까! 인간은 즐거움을 기반으로 한 행복 추구가 삶의 목적이다. 그 안에는 가슴 뛰는 설렘과 즐거운 기다림의 감정이 공감할 수 있는 행복이 있다.

테일러와 보탄(Taylor & Bogdan, 1984)의 6단계 연구에서 4B란, '가부장제를 무너뜨리는 가장 기초적인 운동'이자 '나를 사랑해서 선택'한 결정이라고 알려져 있다.

4B 가치관을 가진 자가 연애하지 않고 생활하면서 비혼을 선택

하면 비출 산으로 이어진다. 4B를 고집하는 시대에 비혼 출산이 사회적 문제로 떠오르고 있다. 어떠한 이유로도 비배우자의 유전체 수정방식을 이용한 출산은 성윤리 문제를 야기한다. 비윤리, 비도덕적인 행태로 보게 되는 것이다.

60년대 미국에 등장한 페미니즘 운동의 궁극적인 목표는 가정의 해체였다. 남성의 권위에서 벗어나기 위하여 페미니즘이 등장한 것이다. 그것은 시위로 나타났다. 'We Should All be Feminists(우리는 모두 페미니스트가 되어야 한다)'가 이들의 슬로건이었다. 이들의 출현으로 남성이 주도하는 사회는 갈등을 일으켰다. 이런 문제는 남성 주도사회의 절반을 여성에게 넘겨줌으로서 해결할 수 있다. 여성을 음의 해에 대통령으로 뽑아서 직녀의 후손들을 이끌어갈 수 있도록 해주는 것이다.

가정에서 남성이 강력한 권한을 행사하며 가족을 통솔하던 시대는 지나갔다. 남편과 아버지는 소외되기 시작하였다. 여성은 남편과 종속관계(從屬關係)를 끊으려 했다. 우리 사회의 비혼자 급증이나 비혼 출산은 남성이 누릴 수 있는 최소한도의 우월적 지위까지 여성이 빼앗겠다는 반란이었다. 이러한 변화는 이미 선진국에서 보여 온 실상이다. 가부장제를 타파하기 위해서 가정이 해체되어야 한다는 주장이었던 것이다.

가부장적 이데올로기를 연 시몬느 드 보부아르(Simone de Beavoire)는 '제 2의 성'(The Second Sex)(1949)에서 "여성은 태어나는 것이 아니라 만들어지는 것이다"라는 유명한 명제를 남겼다.

그녀에 의하면, 여성은 정체성이 없는 남성사회(男性社會)가 요구해서 만들어진 '제 2의 성'이다. 이러한 사회에서 여성의 모습은 "여성 자신이 원하는 모습이 아니며, 본래의 그런 자신을 찾기 위해서는 가부장제에서 벗어나는 길밖에 없다"고 했다.

선진국에 들어선 우리는 비혼이나 비혼출산, 동거 등의 완화 정책을 수용할 수밖에 없는 단계로 들어서고 있다.
밀레니얼이나 MZ세대에서 여성의 비혼율이 높아, 여성 10명 중 4명은 "연애를 하기 위해 노력할 필요가 없다"고 답했다.
인구보건복지협회가 발표한 '청년세대의 결혼과 자녀, 행복에 대한 생각'에서도 "꼭 결혼을 하겠다"고 답한 20대 여성은 10명 중 1명으로, 향후 출산 의향도 결과는 같다.

여성들은, 한국 사회가 아이를 낳아 기르기 어려운 환경이고, 연애도 안전하게 하지 못한다는 의식이 팽배하다. 이러한 변화는 젊은이들의 책임의식 저하로 본다. '내가 왜, 하지 않아도 될 결혼을 해 평생 힘들게 살아야 하는가' 참으로 단순한 결정이다. 정해진 수명과 짧은 즐거움을 위해 자신의 감정을 낭비하지 않으려 한다.

연애와 섹스·결혼·출산을 하는 행위가 기존 가부장제를 더 공고히 해주던 시대와 달리, 오늘의 시대는 그 안에서 자신의 존재를 존속하려 하지 않는다. 현대인들이면 하나씩 앓고 있는 만성적 스트레스라는 현대병에 노출된 사람이 늘어나면서 잘못된 연애 위험을 차단하려 한다. 그동안 여성에게 짐이 되었던 출산 역시 개인이 성장할 기회에 걸림돌이 된다는 인식도 함께 가지고 있다. 이러한 골치 아픈 문제를 어떻게 풀어갈 것인지, 국가의 발전과 개인의 성장을 함께 만들어 나갈 대안이 시급하게 되었다.

비혼 출산은 개인의 선택이지만, 자연의 순리를 벗어나는 일로 인식되어 왔다. 출산으로 인한 어려움을 전문인이 대신함으로, 비혼 출산자를 돕는 것은 국가가 부담해 주어야 할 몫이다.

우리나라가 산업사회로 접어들면서 이혼이 대거 늘어나 아이들이 조모에게 맡겨지거나, 보육시설에 입양되어 성장하는 수가 급격히 증가했다. 이로 인하여 가족이 해체되고, 아이들이 버림받거나 보호받지 못하는 생활에서 사회 적응이 힘든 자를 만들어낸다. 일상이 안전하지 못하고, 안정적인 생활 유지가 어려운 환경이 결혼을 두려워하게 만든다.

결혼을 원하지 않는 사람들의 사회부적응성(社會不適應性)이 높아지고 있고, 청소년들은 이른 학업중단과 가출 등 위태로운 생활로 빠져 들고 있다. 또 아이들은 무분별한 성문화의 범람과 폭력물 미디어에 쉽게 접할 수 있는 취약한 교육환경에 놓여 있다.

오늘날 여성의 결혼이 늦어지는 문제는 사회적 책임보다는 편리한 생활을 추구하는 개인 이기주의에서 비롯되었다고 볼 수 있다. 과거엔 먹고사는 걱정 앞에서도 건강상의 이유가 아닌 이상, 아기를 포기하거나 낳지 않으려 하는 경우는 없었다. 그런데 요즘의 아기를 낳으려 하지 않는 실태는 부모가 되지 않으려는 도덕성의 부재(不在)로 이해할 수밖에 없다.

사회는 개인이 혼자 만드는 것이 아니라, 개인이 모여 단체를 만들고, 단체가 모여 국가를 이룬다. 인간이 사회성을 버리면 생존이 불가능한 존재이므로, 비혼자의 임신권과 출산권은 사회성을 갖게 되는 단초가 된다. 또 국민이 되는 단초다. 결혼자의 출산이 사회진입의 조건이 된다. 그러나 요즈음은 비혼자의 출산이나 미혼자의 출산이 사회 진입에 방해가 되지 않는다. 결손가정(缺損家庭)이 너무나 많은 것이다.

여성의 교육수준이 높아지고 사회적 지위가 높아진다 해도 인간은 음양의 조건을 충족하지 못하면 결코 행복할 수 없다는 것을 깨닫게 된다. 그것이 인간의 마음이고, 이에 따른 정책개발이 필요할 때다.

4. 결혼을 퇴장시킨 독신주의자

　삶의 패턴이 바뀌면서 결혼 시점에 이른 미혼남녀의 생각이 바뀌고 있다.
　독신생활의 바탕은 가정에서 시작된다. 인간의 본능적 행위에서 볼 수 있는 첫 번째가 번식욕이다. 어느 곳에서 무엇을 입고 먹든 본능적 행동을 벗어 날 수 없다. 자연현상인 종족 번식을 포기한 독신은 그만큼 본능적 어려움을 감수해야만 살아갈 수 있다. 그래서인지 독신으로 살아가는 사람들은 대부분 종교인으로 수련을 업으로 하는 사람들이었다.

그러나 종교인이 아니면서, 이런 저런 사정으로 독신으로 살 수밖에 없는 사람도 있다. 요즈음은 독신을 선호하는 자들은 미혼자들이다. 이들 중에서 기혼자보다 소득이나 학력, 직업 수준이 높은 자들이 있다. 이들은 마음이 맞는 사람을 만나지 못해 혼자 살아가는 사람과 배움을 지속하거나 일을 하다 혼기를 놓친 사람들이다.

이들이 독신생활을 선택하는 이유로, 자유로운 생활을 계속하고 싶어서라는 의견이 가장 많고 자기성취(自己成就)나 자기계발(自己啓發)을 하고 싶어서가 다음이다. 그 외에 비혼자를 향한 보호 프로그램과 지원시스템의 부재가 그들이 독신에 머물러 있도록 착각하게 만든다.

아직 우리 사회에 남아있는 가부장제의 관습이 미혼 남성을 압박하고 있고, 부모를 모셔야 한다는 등의 책임과 의무가 상존해 있다. 독신자를 위한 자기성취, 자기계발, 지원제도가 확립되어 있지 않아 미혼자의 성별과 상관없이 공통으로 불안감을 갖고 있다.

"서울대 재학생과 졸업생 8명이 잇따라 출가(出家)했다. '학벌', '고시합격'이 보장하는 미래와 세속의 멍에를 벗은 이들의 탈속(脫俗)은, '자아를 넘어서 궁극의 진리를 찾으려는 노력'이라는 찬사를 받았다. 어쩌면 인간이 해보지 않은 것에 대한 동경을 실현하려는 행동일지 모르지만, 인간의 본능을 뛰어넘는 선택이라 할 것이다. 한편으로는 '지식인들의 현실 도피'로 보는 시각도 뜨거워 엇갈린 세간의 반응을 보인다.

독신자이든 수도승이든 삶의 진리를 찾아가려는 결심은 가상하지만, 현실에서 답을 찾기는 쉽지 않을 것이다. 또 자신이 누구인가를 찾기 위해 사랑하는 가족을 떠나야 하는 이들의 고뇌를, 남은 사람들이 어떻게 받아들여야 할 것인가도, 이들을 바라보는 이들의 고민이 아닐 수 없다.

결혼을 배척하고 연애만으로 살겠다고 결심한 남녀들이 도시와 농촌에 넘쳐나기 시작한 시대에, 1인 가구(家口)가 미혼자와 독신자의 절반을 차지하고 그 수가 급격히 증가하는 것은 과거에 예상할 수 없었던 일이다. 인생을 즐기다가 결혼하겠다고 결혼을 유예(猶豫)하는 만혼파(晚婚派)들이 늘어가는 것도 마찬가지로 예상하기 힘들었던 것이다. 그들이 인구 증산(增産)에 펀치를 날리며 기세(氣勢)등등하게 버티는 이유는 무엇일까?

그 이유는 개인경제주의(個人經濟主義)와 자유주의(自由主義)가 팽배하여 만연해 있기 때문일 것이다. 개인경제주의(個人經濟主義)적이고 자유주의적인 인간형에서 찾아볼 수 있는 것은 공동체의식(共同體意識)이나 사회성의 결여(缺如)라는 것이다.

그들은 결혼해서 자신에게 이득(利得)이 되는 점을 찾지 못한다. 결혼이 자신의 자유를 속박(束縛)하고 귀찮게 한다고 생각해 독신을 결정한다. 또 결혼생활의 불편함과 가족에 대한 부양의무 등도 짐이 된다고 생각한다. 그들 중에는 연애가 보장된다면 결혼은 늦게 아무 때나 해도 좋다는 자유주의적인 자들도 있다.

그들은 독신생활(獨身生活)의 이점(利點)에 대해서도 생활의 편의 점을 꼽고 있다. 그러나 평생을 독신으로 살겠다고 생각하는 자의 비율은 높지 않다.

독신생활에는 미혼독신(未婚獨身) 이외에 이혼독신(離婚獨身)도 있다. 이들이야말로 연애시대를 구가(歐歌)할 수 있도록 자유를 찾은 사람들이다. 그들 중에서 누군가 마음에 드는 연애 상대를 만나면 로또 맞듯이 대박이 나겠지만, 이미 헤어진 상대와 같은 악마를 또 만나게 될지 모른다는 두려운 마음을 가지고 있기도 하다.

이들은 개인주의 성향(性向)이 강한 사람들이다. 독신자는 지속적으로 자신을 연마하고 훈련해야만 홀로 고독한 삶을 지탱할 수 있을 것이다. 세상살이에 편한 것은 없다. 독신은 단순히 결혼과 가정생활을 포기하는 것과는 차원이 다르다. 그것은 새로운 삶이다.

과거에, 은둔자(隱遁者)들이 종교적인 이유와 목적으로 독신을 선택했지만, 오늘날의 독신자들은 사막이나 산속에 은둔해 있는 자들이 아니라, 우리 주변에 있는 자들이다.

어떤 이유와 목적을 가졌든 독신은 자기의 내적 연마와 종교적 경지의 수련을 분명히 넘어서야 할 것이다. 오로지 세상적인 고뇌를 받아들이지 않고, 사람과 사람의 관계를 벗어나고자 하는 자들의 독신이라면 그런 독신은 세상 적으로 독신일 뿐이다. 그러므로 종교적인 치열성이 부족한 자가 독신을 택해서는 아니 될 것이다.

현대인들이 원하는 스위트홈에는 사람이 아닌 동식물이 함께 생활하는 삶도 있다. 여유로운 공간, 넉넉한 먹거리, 활발히 움직일 수 있는 100세 시대 등이 독신 시대의 트렌드가 되었다.

"홀로 사는 사람의 수명은 짧고, 현대병은 고쳐도 혼자 사는 사람의 병은 못 고친다"는 말이 있다. 독신자는 쉽게 상처받고, 질병에 대한 면역력도 떨어진다는 뜻일 것이다.

젊은 남녀가 독신주의자가 되려면, 결혼생활이나 독신생활을 해

본 경험 끝에 결혼생활보다 독신생활이 낫다는 깨달음이 있어야, 제 길을 찾았다고 할 것이다.

결혼생활의 체험과 오랜 연애 끝에 연애가 지긋지긋했다는 체험도 필요하다. 아니면 결혼 같은 연애를 해 보았다는 체험 정도는 있어야, 독신생활에 도움이 될 수 있을 것이다. 이런 체험이 있어야 자신이 독신주의자라는 주장을 할 수 있을 것이고, 그래야 자신의 독신 선언에 공감을 받을 수 있을 것이다.

제 5장

결혼 시대의 마감

1. 미래예측을 위하여
2. 국민이 행복한 나라
3. 국가의 발전과 오늘
4. 결혼 시대의 마감

결혼없는
동거시대

행복한 결혼 생활에서 중요한 것은
서로 얼마나 잘 맞는가 보다
다른 점을 어떻게 극복해 나가느냐에 있다.

1. 미래예측을 위하여

　최근에, 수집된 데이터를 분석해서 한두 개의 키워드를 찾아내고, 이 키워드에서 미래를 예측하는 전문가들이 뉴스를 타고 있다. 요즈음 데이터 분석 전문가들이 갑자기 각광을 받기 시작했다. 이런 전문가들이 대학에 있고, 컨설팅 회사에도 있다.

　독거노인을 검색하면 수많은 말이 뜬다. 이 문장에는 국가가 독거노인 보호에 개입하고 있다는 뜻이 있다. 대형마트나 전통시장, 식당에는, 1인이 먹을 수 있는 혼밥이 상품 진열대에 진열되기 시작한 지

오래되었다. 미래예측은 혼밥을 보고 혼자 사는 자들이 너무 많다는 것에는 미혼자, 비혼자, 이혼자, 독거노인 등이 포함되어 있다. 이제는 이들 어휘의 개념을 정립해 두어야 할 것으로 생각된다.

　데이터를 분석하는 전문가들이 결혼과 관련하여 찾아낸 키워드가 '미혼자가 늘어간다'는 것이었고, 미혼자들에게 설문지를 통해 알 수 있는 키워드가, '비혼(非婚)'이라는 말이었다. 인터넷 검색어(檢索語)에서 비혼 다음에 나타난 것은 독거노인(獨居老人)이라는 키워드였다. 그들이 미혼과 비혼을 연결하면서 결혼의 미래로 인한 장수인간이 보이기 시작했다.

　결혼의 미래는 암울하다. 데이터 분석가들은 앞으로 결혼이 없어질 것이라고 전망했다. 비혼의 끝은 무혼(無婚)이다. 무혼 앞에는 여러 개의 전제(前提)가 있다. 미혼에서 시작하여, 비혼에 머물렀다가, 무혼으로 가는 것이다. 부부가 함께 살다가 배우자가 죽으면, 사혼(死婚)이 된다. 그러므로 무혼 다음 단계는 사혼이 된다.

　맨 처음 화두로 떠오르는 말은 결혼(結婚)이다. 결혼에서 남녀가 부부로 맺어진다, 여기엔 두 집안이 맺어진다는 의미가 있다. 그러나 아직 결혼에 이르지 못한 경우를 미혼(未婚)이라고 한다. 미혼자(未婚

者)는 결혼하지 못한 자이 한다. 미혼자 중에서 주체적으로 결혼을 하지 않겠다고 선언한 자가 비혼자(非婚者)이다. 결혼하지 않은 상태를 무엇이라고 말할 것인가? 그것은 비혼이라고 하면 된다. 이들 말은 모두 젊은 사람에게 해당하는 말이다.

비혼 상태에 있는 남녀가 속절없이 나이만 먹어서 아예 결혼할 수 없는 상태에 이른 것을 무엇이라고 말하면 될까? 그때는 무혼(無婚)이라고 말하면 된다. 그러니까 미혼에서 무혼으로 가는 단계는 미혼, 비혼, 무혼의 3단계기 되는 것이다. 여기에 자(者)를 붙이면, 미혼자, 비혼자. 무혼자가 된다. 미혼자나 비혼자가 노인이 되었을 때, 무혼자가 된다.

다음에 결혼을 보기로 한다. 결혼한 남녀를 부부(夫婦)라 한다. 결혼하여 살다가 헤어지면 이혼이 된다. 이는 법률적인 이혼을 말하는 것이다. 이혼하고 싶었는데, 현실적으로 걸리는 것이 많아서 이혼 상태로 동거하게 되는 경우가 생기는데, 이를 졸혼(卒婚)이라고 한다. 마음은 남남이 되어, 한집에서 이웃집 아저씨와 아주머니로 함께 사는 것을 졸혼이라고 말하는 것이다.

이혼자가 남남이 만나서 결혼하면, 이를 재혼(再婚)이라고 말한다.

노인은 실버, 늙은이 등 다양하게 불린다. 실버는 1인 명칭이지만, 노부부가 함께 사는 경우도 포함된다. 인간은 결혼을 했든 하지 않았든 나이를 먹으면 사별하게 되어 있다. 사별하여 독신이 된 상태를 사혼(死婚)이라고 말할 수 있다. 영혼결혼(靈魂結婚)을 사혼으로 볼 수 있는데, 산 사람에게는 해당되지 않는 말이다. 여기에서는 먼저 세상 떠난 배우자가 있는 분을 사혼자로 부르기로 한다.

2000년대 들어오면서, 우리나라는 인구절벽에 한 걸음 더 다가서게 되었다. 젊은 부부가 아이를 1명만 낳기 때문에 생긴 결과였다. 우리나라가 아직 인구절벽에 부딪히지 않은 이유는 인간수명이 갑자기 100세 시대가 되어, 노령인구의 평균수명이 늘어났기 때문이다. 인구 감소의 원인이 젊은이들에게 있으므로, 젊은이들에게 결혼을 시키는 일이 국가정책이 되지 않을 수 없게 되었다.

이는 1970년대 구미 선진국과 90년대 일본 등에서의 경제성장 저하와 함께 겪었던 인구 감소 현상이 우리나라에도 예외 없이 나타난 것이다. 지금까지 인구절벽을 맞은 나라들의 상황을 보면 앞으로 어떤 결과가 나타나게 될지 예상된다.

2016년 경제협력개발기구(OECD) 회원국 중 가장 낮았던 출산율이 1.17명에서 2019년에 전 세계에서 가장 낮은 0.92명, 2021년은 0.82명으로 하향 곡선이 되었다. 이러한 출산율 저하 추세는 몇 년 남지 않은 8년 후에 출생아 수가는 약 22만~26만 명 사이를 유지할 마지막 완충 시대를 맞게 될 것을 예고한다.

인구가 감소하여 나타나는 1인 가구 출현의 보편화 현상은 미혼이나 독신, 또 비혼주의의 독주로부터 시작되었다. 지난 20년간 노인 수명의 연장으로 증가한 총인구수는 현재 약 10% 늘어났다. 앞으로도 노동력 있는 생산 인구수는 줄어들고, 노동력이 없는 노인가구(老人家口)의 수 증가를 피할 수 없다. 남녀노소 없이 1인 가구가 늘어나면서 생활패턴이나 소비의 주체가 바뀌고, 시장경제(市場經濟)는 노인시장(老人市場), 일인시장(一人市場)으로 달라지고 있다. 상품이 1인용 포장으로 축소되는 것을 보면 알 수 있다.

오늘날까지 국가 경제와 전통문화를 계승해 온 세대로서 전통적인 가구의 형태를 띤 세대는 베이비붐 1세대인 1955~1964년 출생자들이다. 오늘날 그들은 퇴락의 시기를 겪고 있고, 베이비붐 2세대인 1974년까지의 출생자 부부의 가구와 비혼자, 독신자가 지금의 소비 형태와 변화를 만들었다. 이들 사이의 갈등의 차이는 엄청나다. 서로 다른 생각과 삶의 형태를 가진 이들이 국가와 지역에서 또 세계화 시대에 살아남기 위하여 공존하며 갈등이 심화된다. 직장에서는 학벌주의(學閥主義)가 사라지고, 능력주의(能力主義)가 나타나며, 노동시장도 노동현장의 개수가 줄어들어 실직자가 나오고 있다. 따라서 퇴직자의 증가로, 구조변경(構造變更)을 하지 않을 수 없게 되었다.

　선진국은 고령화에서 초고령화 사회로 진입하는 데 100년 이상의 시간이 걸렸으나, 우리나라는 초고령화 사회로 진입하는 데 26년밖에 걸리지 않았다.
　통계청에 따르면 우리나라의 65세 이상 고령 인구의 비중이 1980년에 3.8%에 불과했으나, 앞으로 다가올 2050년에는 우리나라의 65세 이상 고령 인구의 비중이 38.2%로 늘어나 70년 동안에 10배로 증가할 전망한다.

　인간의 기대수명 또한 1970년 62.3세에서 2020년에 82.4세로 20.1세가 상승했다. 신생아의 수가 계속 줄어들고, 노령인구가 증가하여, 날이 갈수록 인간의 기대수명이 늘어났음을 알 수 있다.

　앞으로 국가의 미래와 직결되어있는 청년의 결혼과 출산의 불일치에서 생기게 되는 1인 가구 증가 현상이 사회에 역기능으로 작용하게 될 것이므로, 그 문제를 푸는 해답을 찾아내지 못한다면 앞으로

30년도 되지 않아 인구절벽이 올 것이라는 전망이다. 2030년이면 우리나라 생산 인구는 2,700만 명 정도가 된다. 아마 그때는 '인구절벽에 부딪힌 어두운 시대'로 국가의 발전을 기대할 수 없게 될 것이다.

오늘날까지 계속되어 온 인구의 수도권 집중현상은 경쟁의 과열로 직결되고 있다. 경쟁의 과열이 그들의 결혼을 포기하게 하였고, 출산을 미친 짓으로 여기기 시작했다.

최근 통계에 따르면, 32년 만에 서울 인구가 1,000만 명 밑으로 추락했다. 경기도 정주인구(定住人口)는 감소하고 생활인구(生活人口)는 증가하였다.

개인은 경제에 유능한 자가 있고, 무능한 개인도 있으므로, 경제에 무능한 자는 부양가족이 없이 살아간다고 해도, 생활의 어려움을 겪으며 살고 있다.

1인 가구는 늘어가고 있다. 1인 단독(單獨) 생활자인 비혼자, 미혼자, 독거자에 추가하여 나이가 많아져 앞으로 결혼할 수 없게 되어 통계의 대상에 들어가야 할 무혼자(無婚者)와 사혼자(死婚者)가 당하는 어려움은 국가운영에 장애 요인이 될 것이다. 그 부작용으로 소비인구가 줄고, 그 소비인구가 줄면 소상공인 매출의 동반하락(同伴下落)으로 이어지고, 이런 악순환(惡循環)이 반복될 것이다.

인구 감소와 저출산에 둔감한 국민과 정책당국자의 늑장 대처는 고령인구(高齡人口)증가와 비혼무출산(非婚無出産)에 대응하는 대안(代案)을 내놓아야 한다. 인구 감소에 따른 대안을 국가에서 마련하지 못한 상태에서, 결혼을 앞둔 청년들의 불안은 커질 것이다.

앞으로 인구 감소와 비혼 무 출산이 어떤 방향성을 갖게 될지 예측하기 힘들다. 젊은이들은 잘나가는 대기업에 취직하기 힘들고, 중견기업과 중소기업에 대한 젊은이들의 낮은 선호도를 개선하지 못하여, 일자리가 개점휴업상태 있거나, 아예 사라져가는 현실에서 외국 인재들의 유입과도 경쟁해야 한다.

이러한 국가적 위기상황을 개인과 사회 구성원이 메타버스 시대라는 신문명 전환기에 들어서면서 피부로 체감하기 시작했다. 오늘날, 미혼, 비혼, 무혼의 어두운 터널을 통과하면서, 결혼 시대의 종말을 맞아들이기 시작했다.

결혼의 붕괴는 결국 국가 붕괴로 가지 않을 수 없게 될 것이다. 이런 국가 현실에서 국가의 앞날을 짊어지고 가야 할 젊은이들의 희망은 없다. 오늘날 우리가 당한 비혼현상은 청년들의 소득수준으로 귀결되고 있다. 2, 30대의 가장 낮은 소득자의 결혼 비율은 6.9%인 반면, 고

소득자의 결혼 비율은 82.5%에 달하는 것으로, 그 차이는 10배 이상이다. 이러한 통계만 봐도, 미혼의 탈출구인 결혼은 빈부의 격차로 인해 더욱 다가가기 어려워졌다는 것을 알 수 있다.

선진국들은 4차 산업을 주류로 한 청년 결혼과 일자리 안정을 위해 필요한 교육과 기술개발 등에 국가시책의 목표를 맞추어 왔다. 그러나 젊은 층이 원하는 삶과 소득에 연결된 양질의 일자리는 부족하다. 그나마도 수명 연장으로 정년이 늦춰지고 있는 윗세대가 일자리에서 떠나지 않고 있다. 이것은 미혼자들이 일자리를 구하기 힘든 원인 중 하나이며, 결혼에 대한 부담을 극복하지 못하여 비혼자가 늘어나는 요인이 되고 있다.

젊은이가 취업하지 못하여, 미혼자와 비혼자와 독신자가 증가한다. 이에 따라 결혼과 출산에 대한 개인적인 가치관과 필요성이 바뀌고 있다. 공유경제나 자기중심의 가치, 소비를 따르지 못하는 개인과 사회 현상이 바뀌는 것이다. 따라서 국가는 위험한 사태를 맞지 않을 수 없게 된다. 국민이 사라지는 텅 빈 껍데기뿐인 국가로 가게 되는 것이다.

인적자원이 감소하는 미래세대는 생산과 소비에 제약을 받는다.

국가의 위험을 벗어나기 위해, 국가는 젊은 여성에게 능동적으로 출산에 참여할 수 있도록 하는 정책을 개발하여 시행해야 한다. 사라져 가는 정통성과 정체성을 붙잡아 두기 위하여 출산을 장려해야 하고, 혈연이 아닌 인공의 대가족제도를 창안하여 국가가 부흥기(復興期)를 맞을 수 있도록 해야 한다.

우리가 직면하게 되는 문제는 항상 있었지만, 오늘날 젊은이들의 사랑에 빨간 불이 켜진 긴급사태를 맞았다. 사랑하는 이성이 생기면 적극적으로 맺어주는 문화가 제도화되어야 한다. 그들이 손쉽게 이용할 수 있는 시설이 있어야 하고, 국가가 그들을 경제적으로 도울 수 있어야 한다. 돈이 없어서 결혼하지 못하는 실태는 없어야 한다. 신혼부부 타운을 건설하고, 고용불안을 없애고 안락한 삶을 보장할 수 있는 획기적인 제도가 나와야 한다. 이들이 국가의 희망인 제2세 출산의 꿈을 포기한다면, 국가의 미래도 어둡다.

2. 국민이 행복한 나라

　국민이 행복한 나라는 어떤 나라일까? 국민은 누구나 다 복지선진국에 살고 싶어 하는 희망이 있다. 선진국이 정하는 복지에 대한 조건이나 범위는 안정적이고, 국민에게 주는 복지도 공정하다. 40대 이후부터 국가의 행복지수가 높아지는 것이 선진국민의 행복조건이다. 그러나 인간은 나이가 들수록 모든 욕망의 지수가 낮아져야 하는 것이 순리이다. 그동안 이룰 수 없는 것을 하나하나 접으면서 행복지수가 떨어진다. 이것은 다시 말해, 행복이 쌓이면 행복에 대한 느낌이 둔감해지는 것처럼 나타나는 행복에 대한 노화 현상이다. 그것이 희망이 감소하면서 노인의 체념으로 나타난다.

이는 젊은이가 느끼는 젊은이의 행복에 대한 느낌과, 노년에서 느끼는 느끼는 행복에 대한 느낌이 다름을 의미한다. 젊음의 행복은 스스로 만들어 늘려 가지만 노년의 행복은 그에게서 감소해 간다. 그간 지나온 삶이 어떠했는가에 따라 행복의 의미와 질(質)은 다르게 느껴진다. 그렇다면 대한민국 국민으로서 느끼는 행복의 의미와 질은 다를 것이다.

우리나라의 8,90대들은 나라 없는 설움을 겪어야 했고, 일제로부터 해방되어 6.25사변을 겪으면서 동족이 동족을 죽이는 이념전쟁과 굶주림을 겪어야 했다. 그러므로 향복했다고 말할 수 없는 세대이다.

불행한 민족사를 딛고 일어선 8, 90대 노인들은 오늘날 세계사에서 나라를 세계에 유례가 없는 경제 대국으로 성장시켰다. 또 탱크 1대 없었던 이 나리를 제계 6위의 군사강국으로 만들었다. 하지만 지금 개인적으로는 외롭고 소외감을 느끼는 삶을 살고 있다. 효친 사상이 사라진 오늘날 누구도 노인들을 챙기지 않는다. 사회적으로 멀어져 있는 이들의 삶은 그리 유쾌하지 않다. 그러나 젊은이들은 과거에 대한 이해가 지극히 불량한 상태에 있다. 이해하지 않으려 하며 이들을 받아들이지도 않는다.

　행복한 나라를 만들기 위해 우리는 무엇을 해야 할지 모른다. 전혀 미래에 대한 비전도, 깨달음도 없다. 여기에 대한 교육이 죽어있다. 정상적인 의식이 인간의 수준을 뛰어넘지 못하고, 먹고 마시며 꿀꿀거리는 가축의 수준에 머물러 있다. 대통령이 되겠다고 나서서 떠드는 인간들을 보라. 국회의원들이 되겠다고 나서서 떠드는 인간들을 보라. 그들에게 표를 주겠다고 줄을 서는 인간들을 보라. 이건 인간이 사는 나라가 아니다.

　국민소득이 3만 불이 넘었다고 해서 국민의 행복지수가 높아지지 않는다. 행복은 인간만이 느끼는 상대성 감정이다.

　국민 행복의 조건에는 첫째가 경제적 기반이다. 실업자가 없는 사회가 되어야 한다. 누구나 법치 앞에서 존중받는 공정한 사회를 만들어가야 한다.

　청소년들에게 꿈을 키워갈 미래가 있고, 그 미래를 지키는 젊은 생산자가 넘쳐나야 한다. 우리는 꿈이 있는 내일을 기록할 수 있는 가정과 가족이 있어야 한다. 희망적인 미래를 함께 설계하며, 국제사회에서 당당하게 경쟁하는 인재를 육성하는 나라가 국민이 행복한 나라다.

국가는 젊은이의 일자리 배분에 최우선순위를 부여해야 한다. 노력하지 않고 불로소득(不勞所得)하는 부의 세습을 막아야 한다. 부동산투기로 일약 부자가 되는 사회가 되지 않도록 해야 한다.

국민이 정부에 거는 기대가 커지고 요구도 점점 많아져 간다. 새 정부가 국제 경쟁의 차원에서 미래를 준비해야 하고, 국민이 원하는 바가 반영되어야 한다.

이제 1인 가구들이 결혼문화에서 벗어나 있는 오늘날 미혼이나 비혼이나 무혼과 사혼의 생활을 사는 독신자들은 행복증진집단(幸福增進集團)을 찾으려 한다. 독신자들이 행복증진집단에 거는 기대가 커지는 만큼, 여기에 맞추어 사회의 방향성도 정해져야 한다. 또 행복증진집단을 조직하고 콘텐츠를 개발하여 실행할 수 있는 사회가 만들어져야 한다. 이런 기관에 청년복지와 장년복지, 노인복지, 여성복지, 장애인복지, 글로벌 이민자복지를 수용할 수 있어야 한다.

복지대상자가 자기 취향에 맞는 각종 복지콘텐츠를 준비해야 한다. 콘텐츠는 미리 만들어 공급자의 위치에서 받아들이기를 수혜자에게 강요해서는 아니 되고, 기획을 시작할 단계에서부터 대상자들이 참여할 수 있도록 해야 한다. 노는 복지가 아니라 생산적인 복지가 정착할 수 있도록 유도해야 한다.

콘텐츠 공모 단계에서부터 취향이 같은 사람끼리 모여 행복을 나누도록 해야 한다. 콘텐츠 업체가 끼어들어 이들의 수입을 벌어가는 일이 없도록 해야 한다. 국민이 속았다는 느낌을 받지 않아야 한다. 국민이 행복한 나라는 주관적 편안함이 국민의 얼굴에 나타나듯 세상에는 행복을 느끼는 나라의 국민이 일부 있을 뿐이다.

사람마다 행복의 기준이 다르듯 사회적 기반시설에 행복으로 느끼는 사람, 목표를 달성하여 만족감을 행복으로 느끼는 사람, 가족의 무탈함을 행복으로 느끼는 사람 등 국가에 대한 불평보다 만족하는 심리적인 상태를 안녕감이라고도 말한다.

우리는 행복을 개인이 느끼는 즐거움이나 안락함에서, 또 개인이 타인과의 사이에서 느끼는 차별적 우월성에서 행복을 찾는다. 그것은 아무나 다 느낄 수 있는 것이 아니고, 오직 나만이 느낄수 있는 것이다. 인간이 개별화되어 혼자 살아야 하는 시대에는 1인의 독창성이 발휘되는 1창작의 시대로 가야 한다. 이것은 타인과의 차별적 관계에서 생기는 심리적 우월성을 만든다. 모방은 끼어들 여지가 없는 것이다.

고대 그리스에서 경제적 풍요에서 행복한 삶을 나타내는 의미를 에우다이모니아(eudaimonia)라 하였다. 자기에게 주어진 의무를 다했을 때의 상태에서 오는 만족, 즉 행복이라는 말이다. 개인의 삶은 개인이 혼자서 독립적으로 살아가는 삶이 아니라, 국가라는 공동체 안에서 다른 사람과 함께 살아가는 삶이다.

　소크라테스가 감옥에서 도망갈 기회가 있었는데, 사약을 마시고 죽음을 선택한 것은 공동체에서 따돌림 당하는 것이 죽음과 같다고 생각했기 때문이다. 이렇듯 국민이 행복한 나라는 개인의 감정 상태가 일반적이고 보편적인 관념보다 우선한다.
　국민은 지금보다 더 행복해지기 위해서, 국가에 대한 행복감을 가지고 있어야 한다.

3. 국가의 발전과 오늘

　앨먼드(G. A. Almond)와 파월(G. B. Powell)은 국가발전의 단계로 국토형성과 국민에서 시작된다고 했다. 이렇게 형성된 국가는 국민의 참여에 의해 단결과 배분 또는 복지로 나뉘어 삶을 이룬다. 그리고 오간스키(A. F. K. Organski)는 근원적 통합으로부터 산업화로 이익을 창출하여, 국민복지가 실현되는 안신의 풍요로 이어진다. 또 몽고메리(John D. Montgomery)는 국민 형성과 사회경제적 진보 즉 발전을 들고 있다.

대한민국은 일제로부터 해방 후에 급격한 사회격변기를 겪어 온 나라로, 희망적인 역사를 만들어왔다. 지구상에서 어떤 나라도 70년 동안에 한국과 같은 성장세(成長勢)를 보인 나라는 없었다. 그것은 민족의 생사에 크게 영향을 미치는 대변혁이었다. 변혁을 몇 번씩 치른 후에도 인구와 경제는 번성했고, 대한민국은 자유민주주의 체제가 고사(枯死) 직전에 살아난 국가가 되었다.

　　이승만이 1948년에 38선 이남에 UN으로부터 국가승인을 받은 자유민주주의 국가를 만들었고, 비슷한 시기에 이북은 UN의 승인을 받지 않은 공산주의 체제 국가를 만들었다.
　　김일성은 중공과 소련의 지원으로 1950년 6월 25일 새벽에 탱크를 몰고 남한으로 내려오며 전쟁을 일으켰다. 이 전쟁에 미국이 주도한 UN군의 참전하였고, 이 전쟁은 동족상잔(同族相殘)으로 의미 없는 희생을 치르면서 정전이 되었다. 중공의 개입으로 국토와 민족의 통일의 기회는 사라졌고, 북한은 사망 52만 명, 포로 12만 명이라는 대가를 치렀다. 대한민국 국민의 피해도 그에 못지않았다. 무수한 전쟁미망인과 고아들이 생겨났을 뿐만 아니라, 국토는 초토화되어 국민은 살아갈 가망이 없었다. 국제원조로 연명하던 한국은 잊을 수 없는 이 험난한 시대를 바탕으로 일어섰다. 휴전 이후 대한민국은 세계 속에 우뚝 성장하였지만, 휴전 이후 자유당 정부의 부정선거로 4.19

혁명이 일어나 국민의 주권을 혁명으로 찾아오지 않을 수 없었다. 불로소득(不勞所得)으로 정권을 인수한 민주당 정부는 국정에 무능하여 5.16 군사혁명을 유발하였다.

2차례의 혁명으로 다시 탄생한 대한민국 군사정부에서 민주체제로 들어서는 데까지 18년이란 세월이 흘렀다. 군사정부가 정권을 잡고 부국강병(富國强兵)의 기치를 내세워 국정에 성공하며 오늘에 이르고 있다. 이렇듯 험난한 국난에도 우리는 살아남았고, 오늘의 선진국대열에 올라섰다.

대한민국이 험난한 세월을 헤치고 한국적인 민주주의를 발판으로 국가 산업화를 성공적으로 이끌었다. 잘살아 보세를 외쳤던 대한민국은 여기에서부터 국민행복(國民幸福)의 서막을 열었다. 하지만 끝까지 검소와 절약으로 몸 바쳐 이룬 오늘의 5천만 인구가 국민소득 1만 불 시대를 맞으면서, 서구식 민주주의가 이 땅에 정착하기를 갈망하기 시작했다.

이러한 민주주의적 지배와 통치가 한 시대를 거치면서 오늘의 국가와 국민의 행복은 변질되기 시작했다. 글로벌 시대의 리걸결혼이 경쟁력이 되고 있는때, 가족붕괴와 위험이 한 발짝씩 다가오고 있다.

국가 경제는 부강해졌고, 2021년 선진국에 입문한 대한민국은 글로벌 사회에서 선망의 대상으로 떠오르고 있다. 그런데 한쪽에서는 서서히 침몰하는 배처럼 조금씩 가라앉고 있다. 그 이유는 단 한 가지, 국가의 자원인 인구가 줄어들고 있기 때문이다. 국제사회에서는 대한민국을 제2의 유대 민족이라고 말한다. 우리는 침몰하지 않기 위해 무엇을 해야 하는지 빨리 알아채야 한다. 이제 국가의 위기로 다가오는 인구절벽을 막기 위해 사랑을 실천해야 할 때다. 그것도 젊은 청춘남녀들의 사랑으로 국력을 키워야 할 때다.

　　경제학자들이 국민소득이 높아질수록 개인이 아닌 우리 안에서 스스로 국가의 미래를 공고히 해야 한다고 했다. 누가 경제적 우위에 있는가를 비교할 것이 아니라, 진실한 사랑으로, 사랑 앞에서는 묻지도 따지지 말고, 국가의 발전이 나의 행복임을 믿어야 한다.

　　나라를 잃고, 원조를 받아 목숨을 연명하던 그 시절을 우리는 잊지 못하고 있다. 후진국에서 무시당했던 우리 민족이 단결하여 지금의 부를 이루고 세계적으로 인정받는 위치에 자리 잡았건만, 지금은 단결과 화합을 버리고 철 지난 이념에 빠져 국가를 망치고 있고, 개인주의가 만연하여 나 몰라라 식의 삶을 살아가고 있다. 이러한 생활 태도가 국가의 기반을 무너뜨리고 있다.

오늘의 이라크나 중국, 일본, 유럽 등이 대한민국의 혁명적인 발전과 국민의 역량을 알아차리고 대한민국을 견제하기 시작했다. 대한민국만큼 극적인 경제발전을 이룬 나라가 없기 때문이다.

결혼과 인구증가라는 상호관계에서 국가의 인적자원은 사랑에서 국가의 에너지를 생산하는 것이다. 활활 타오르는 사랑의 불씨로 지금 사라져가는 가족제도를 다시 일으켜 세워, 국민이 진정 행복해질 수 있는 나라를 만들어야 한다. 굳이 단일혈통(單一血統)만을 고집할 필요가 없다. 우리에게 단일혈통은 애초부터 없었다. 실크로드 상에 있는 유라시아의 여러 민족들이 혈연으로 연결되어 있다. 유투브 방송은 지상파 방송을 누르고 식민사관(植民史觀)을 누르고 유라시안 인종의 혈연에 대하여 이야기한다.

고대의 어느 시대엔가 한반도로 밀려 들어왔을 여러 인종이 지금 이 시대에 한반도로 몰려들고 있다. 이들에게서 우리가 철저하게 가려내야 할 것이 있다. 말하자면 공산주의, 테러리즘은 차단해야 한다는 것이다.

우리의 경제발전이 제3세계 국가의 최상 모델로 인식되고 있는 이때, 경제 불평등을 개선할 수 있는 새로운 경제 운영이 나와야 한다.

다수의 신생아 출산으로 인구절벽을 막아야 한다. 젊은이들이 결혼으로부터 도망치지 못하도록 국가 제도를 만들어 경제발전을 이루었던 과거의 영광을 재현해야 한다.

해외동포 700만 시대, 오늘날 젊은이들이 살아가는 편리한 세상을 어떻게, 누가 일구었는지 꼭 기억하고, 국민의 사명이 무엇인가를 생각해야 한다.

4. 결혼 시대의 마감

　인류에게서 결혼이라는 종족보존 제도는 언제 지상에 출현했을까?
　미국의 역사학자 루이스 핸리 모건(Lawis Henry Morgan (1818~1881)에 따르면, "인류가 가축을 기르기 시작하면서 가족이 생겨났다"고 하였다.
　그가 결혼에 대하여 똑 부러지게 정의하지는 않았지만, 그의 책 고대사회(Ancient Socienty)를 보면, "가족이 생겼을 때 결혼이라는 제도가 생겼다"는 생각을 가졌다는 것을 알 수 있게 된다. 만약에 그가 배달민족의 문자인 한자(漢字)에 대하여 알고 있었다면, 그가 고대 사회의 의미를 명확하게 정의하는 데에 상당한 도움을 받았을 것이다.

필자가 부족한 역사자료를 보충하는 데에 한자를 해석하여 보충하고자 하는 이유는 한자가 동이족(東夷族)의 역사를 반영한 문자라, 한자가 동이족의 역사를 반영하고 있다고 생각하기 때문이다.
결혼의 역사를 추적하는 데에, 나는 내가 즐겨 써온 한자에서 동이족의 역사를 찾아내는 방법을 사용하려고 한다. 그러므로 이 결혼의 역사는 동이족의 결혼 역사라는 한계를 가지고 있다.

결혼(結婚)이라는 문자에는 동이족의 결혼관(結婚觀)이 잘 반영되어 있다. 우리민족의 전통결혼식에는 청실홍실로 신랑신부를 맺어주는 의식이 있다. 청실은 신랑을 상징하고 홍실은 신부를 상징한다. 이를 철학적으로 다시 말하면, 신랑(新郞)은 음양론(陰陽論)에서 양(陽)이고, 신부(新婦)는 음양론에서 음(陰)이다. 음양을 실로 묶어주니 음양동체(陰陽同體)가 되는 것이다.
결혼(結婚)의 결(結) 자는 사(糸)+길(吉) 자인데, 길(吉) 자의 사(士)는 입신출세(立身出世)한 신랑을 뜻하고, 구(口)자는 신부를 뜻하기도 하고, 앞으로 신부에게서 태어날 가족을 의미하기도 한다.

모건은 고대사회에서 다음과 같은 말을 하였다. "그들은 천연과 실로 연명하면서 짐승과 싸웠다.... 그들이.... 수상 생활자(樹上生活者, tree liver)였다고 생각하여도 틀리지 않다." 이 말은 원시인류가 나무 위에서 위해를 가해 오는 야생동물들과 싸우며 생활하였다는 뜻이다. 모건이 말한 그들은 가족이다. 물론 결혼하여 생긴 가족이다.

신라의 재상 박제상(朴堤上)은 그가 후세에 남긴 『부도지(符都誌)』에서, 마고가 인류최초로 2명의 딸을 낳았는데, 이름이 궁희(穹姬)와 소희(巢姬)였다고 하였다. 소희(巢姬)의 소(巢)자는 냇가에서 과일을 따 먹으며 산다는 뜻이다. 이들이 그의 후손인 풍이족(風夷族)의 조상이 되었다.

모건은 원시 인종이 열매 만 따먹고 살 수 없으므로 먹거리를 찾아 이동하기 시작한 생활에 대하여 다음과 같이 기록하였다. "해안, 호숫가 또는 하천의 유역을 따라 이주하여 지상의 여러 곳으로 퍼져나갈 수 있었다. 이러한 이주의 사실에 관하여 모든 대륙에서 발견되는 부싯돌이나 석기의 유물로서 많은 증거가 남아 있다."

소희의 후손을 풍이족(風夷族)이라 했는데, 풍(風)자에 있는 충(虫)자는 풍이족이 식용으로 잡아먹은 뱀을 뜻한다. 그들은 집 없이 떠돌아다녔다. 바람풍(風) 자가 그들이 떠돌이 종족이었음을 말해 주고 있다. 그들이 야생동물을 길들여 가축화하였고, 가축의 가죽으로 천막(天幕)을 만들어 천막생활 하면서 유목민(遊牧民)이 되었다.

가축(家畜)의 가(家)자는 집을 짓고 그 안에서 돼지 새끼를 기른다는 뜻이다. 뱀의 침입을 방지하기 위하여 돼지를 기르기 시작한 것이었다. 가축을 기르기 시작한 부족들이 생겨난 때가 배달나라의 오가부족시대(五加部族時代)였다. 오가부족은 양, 말 소, 개, 돼지를 키웠다.

한인천제시대(桓因天帝時代)에 축융(祝融) 8성(姓)이 생겼다. 축융은 한국을 세운 한인천제의 호이다.
　진주 소씨의 족보서문(族譜序文)에는 한인 천제가 한국을 세우고 조이족의 여자를 취하여 결혼하였다는 다음과 같은 기록이 있다. 인류 최초의 결혼기록이다.

吾蘇自出九頭氏之後 赤帝上大等公先言 昔有赤帝諱復解號曰祝融 爲桓國之帝 開於己卯都於風州倍谷 娶鳥夷之女姮英爲后 生九子封九州之後
　우리 소씨는 스스로 생긴 구두씨의 후손이다. 적제 상대등 공이 일찍이 말씀하기를 옛날에 적제 휘 복해(부해)가 한국의 제가 되었다고 말씀하였다. 기묘년에 풍주배곡에 도읍을 정하고 개국하였다. 조이족의 여자 항영을 취하여 황후로 삼고 아들 아홉을 낳아 후에 구주에 봉하였다.

자출구두씨(自出九頭氏)는 스스로 세상에 알려진 9씨족의 우두머리이다. 자출(自出)은 구두씨가 「삼성기」 전 하편(全 下篇)에 나오는 인류의 시조인 나반(那般)과 아만(阿曼)에게서 태어났음을 뜻한다고 볼 수 있다. 나반과 아만이 혼례를 이룬 곳은 아이사타였다. 아이사타를 바이칼호 부근으로 비정하는 설이 있다.[1] 이설에 따르면 바이칼호 일대가 한인천제가 인류 최초로 나라를 세운 한국의 땅이었다고 볼 수 있다.

소씨 문중의 다른 족보서문인 「동근구보서」에 다음과 같은 기록이 있다.

五千百有 四十八年前 己卯夏祝融氏代 葛天之世 而爲帝

---

[1] 人類之祖曰那般初與阿曼(「삼성기」 하)

種蘇於桓國疆域 又聽鳴作樂蘇紀德敎尙風道 以蘇爲姓故也(「東槿舊譜序」)

　　5148년 전 기묘년 여름 축융씨의 시대인 베옷을 입고 살던 시대에 한국의 제가 되시어 한국의 강역에서 소씨의 근원이 되셨다. 또 새소리를 듣고 음악을 만드시어 소(씨)의 기강이 되어 덕을 가르치니 풍이족의 도(道)로 숭상하였다. 이로써 소(蘇)가 성(姓)이 된 까닭이다.

　　위 글은 성의 기원에 대하여 말하고 있다. 성이 만들어졌다는 것은 남녀가 결혼하여 모계 족성이 만들어졌다는 것이다.
　　한인천제가 한국을 선포했을 때, 한국을 구성한 족성(族姓)이 풍성(風姓), 강성(姜姓) 희성(姬姓), 기성(己姓)의 사성(四姓)이 있었다. 이들 4개의 문중이 한국의 건국을 선포한 것이었다. 한인 천제는 조이족의 여자 항영(姮英)을 비(妃)로 맞아들였는데, 조이족에게 족성이 있었는지 없었는지 알 수 없다.

　　풍이족이 인구가 불어나 분화(分化)하면서, 장자(長子)는 사(巳)자를 성에 써서 사성(巳姓)이라 하였고, 차자(次子) 이하의 지자(支子)의 성은 풍(風)자를 써서 풍성(風姓)이라 하였다. 풍(風)자에 들어가는 충(虫)은 작은 뱀을 뜻하며 지자(支子)를 의미하였다. 사(巳)는 북두칠성에서 나온 문자로 하늘의 뱀을 뜻하였다.

12지에서 하늘의 뱀을 사(巳)라 하였다. 사(巳)는 세월이 가면서 기(己)로 변음이 되었다. 기(己)는 수(數)로 육(六)이므로 혁(革)을 의미하였다. 풍이족은 자손이 번성하였다, 풍이족(風夷族)에는 자손이 번성한 인종이라는 뜻이 있다.

　풍이족의 장자는 조상에 대한 제사권(祭祀權)을 행사할 수 있었다. 이것은 장자만이 가질 수 있는 신성불가침의 권리였다. 이 권리를 문자로 표시한 것이 제사(祭祀)의 사(祀)자였다. 사자 안에 들어있는 사(巳)자가 풍이족의 장자를 의미하는 문자였다. 장자가 제위를 물려받으면 巳자에 눈을 한 개 그려 넣어 파(巴)자를 만들었다. 巴자는 눈이 2개 달린 뱀이라는 뜻이다. 이 문자가 최초에는 한인 천제를 의미하는 문자였다. 용이라는 뜻이다.

　남자와 여자가 바둑을 두려면, 바둑판을 두 사람 앞에 놓고 정면대국(正面對局)으로 바둑을 둔다. 남자와 남자가 바둑을 두거나, 남녀노소(男女老少)가 바둑을 두더라도 대좌(對坐)의 형식에 변하는 것은 없다.
　그러나 남녀 간의 결혼을 바둑에 비유한다면, 정면대국 자세로 마주 앉지 않고 남녀가 바둑판 옆으로 나란히 앉아서, 남자는 검은 돌을 쥐고 여자는 하얀 돌을 쥐고 자기의 돌을 놓아야 할 정석(定席)을 찾아서 자기의 돌을 놓아가며 수(數) 싸움을 벌이는 기상정석대전(碁上定石大戰)과 같은 싸움이라고 말할 수 있다.

인생이라는 바둑판에서처럼 결혼은 두 남녀의 가족관계를 맺어주는 낚싯밥에 지나지 않는다. 그것은 두 대국자가 만나서 안녕하세요? 하고 인사하는 정도의 의미를 뛰어넘지 못한다. 대국에 들어가면, 두 사람은 온갖 묘수(妙手)를 써가며 적(敵)을 쓰러뜨려야 하는 일 외에 더할 일이 없다. 적을 쓰러뜨려야 결혼이라는 지루하고 따분한 인생 싸움에서 벗어날 수 있다. 그러므로 결혼은 남녀가 싸우기 위하여 선수 등록을 하는 일이라고 말할 수 있다.

생면부지의 남녀가 만나서 80년이란 긴 세월을 살아가려면, Sex 없이는 지속이 불가능한 관계이다. 그들은 자선사업가가 아니기에, 사랑이 식고 상대방에 대하여 Sex에 대한 흥미가 사라지면, 본능적으로 사랑에 대한 배신(背信)과 Sex에 대한 배신을 꿈꾸지 않을 수 없게 된다. 그런 감정이 현실로부터의 도피(逃避)나 탈출(脫出)로 나타난다. 그 결과가 바람이고 혼인 파경에 이른다.

그렇다면 결혼의 정석(定石)은 무엇인가? 사실 결혼에 정석은 없다. 나는 율려(律呂)라는 말로 결혼에 대한 설명이 가능할 것으로 본다.

율려를 파동(波動)이라고 말한다. 음양이 이어지는 것이 파동이다.

율려는 무극(無極)에서 시작된다고 한다. 무극에서 시작되는 것이 1이다. 1이 나뉘어 생성되는 것이 2이다. 2는 1의 뒷면이다. 그래서 1은 2가 붙은 양면(兩面)으로 구성되어 있다. 마고 시대에는 이를 일신동체(一身同體)라고 하였다. 음과 양의 분리 없이 음과 양이 한 몸을 이루는 시대가 일신동체의 모계시대(母系時代)였다. 그러나 한인 시대가 되어서 일신동체가 이신이체(二身異體)로 나뉘면서 일신동체를 회복하기 위하여 결혼(結婚)이 필요하게 되었다. 한국의 한인 시대에는 부계시대(父系時代)를 잇기 위하여 결혼하게 되었는데, 이 시대에 시작된 결혼을 혼인(婚姻)이라 하였다. 혼인이란 한국의 한인 시대에 결혼이 시작되었다는 말이다.

이러한 시대적 흐름을 철학으로 정립한 분이 한국시대 다음에 온 배달나라의 제6세 한웅천왕인 복희(伏羲)였다. 그는 그와 남매지간(男妹之間)인 여와(女媧)와 남매혼(男妹婚)을 하여, 근친혼(近親婚)의 시조가 되었다. 그러므로 복희와 여와의 결혼이 인류가 공인하게 된 인류 최초의 결혼이 된다고 볼 수 있다.

복희시대에 생긴 복희여와교미도(伏羲女媧交尾圖)는 이 시대에 생긴 풍이족(風夷族)의 결혼풍습을 그림으로 나타낸 것이다. 풍이족은 한민족의 조상이다.

복희시대에 나온 쌍어교미문(雙魚交尾紋)이라는 문양이 있는데, 음양(陰陽) 쌍태극(雙太極) 머리의 중심에 동공(洞空)을 그려 넣은 무늬를 말한다. 그 모양이 마치 물고기 2마리와 같아서 쌍어문이라 한 것이다. 쌍어(雙魚)는 음어(陰魚)와 양어(陽魚)의 교합(交合)을 말한다. 음어의 꼬리(陰魚之尾)는 양어의 머리(陽魚之頭)의 동공 쪽에 가 있고, 양어의 꼬리(陽魚之尾)는 음어의 머리의 동공 쪽에 가 있다. 요즈음 말로 말하면, 상당히 음란한 성화(性畵)로 볼 수 있는 음어와 양어의 교구미(交口尾)를 그린 그림이 쌍어교미문이다.

이런 그림은 상고시대로부터 남녀 간(間)의 교접(交接)에 두 가지가 있었음을 역사적으로 말해 주는 고고학적 증거가 된다. 이러한 영상을 도(道)라 하였다. 노자(老子)는 구미(口尾)와 미미(尾尾)가 만나는 곳을 곡신(谷神)이라 하였고, 음의 곡신은 죽지 않는다고 불사(不死)라 하였다. 노자가 말한 곡신불사(谷神不死)는 이런 뜻이다.

결혼의 정석(定石)에는 교구(交口)와 교미(交尾)의 두 가지 방법이 있었다고 생각한다. 우리 조상인 풍이족의 결혼 역사는 복희와 여와에게서 시작된 원초적인 성행위(性行爲)인 교구와 교미에서 시작되어 오늘에 이르고 있다.

"결혼은 새장과 같다. 밖에 있는 새들은 부질없이 들어가려고 한다. 안의 새들은 부질없이 나가려고 한다." 위에 인용한 글은 16세기 프랑스의 지성 몽테뉴가 한 말이라고 한다.

부부가 살 만큼 살다 보면 중요하게 생각되는 것들이 하나둘 없어진다. 읽던 책을 버리고 사진첩도 불태워 버린다. 자녀들을 성장해 제 갈 길 떠나고, 남은 둘도 자기가 가야 할 길을 찾아서 서둘러 떠난다. 이때쯤 되면 부귀와 영화도 모두 사라지고, 채울 길 없는 욕망도 엷어져 간다. 남은 것은 자기 자신뿐이다.

아마 누군가는 이 시간에, 혼자서 올 사람이 없음에도 불구하고, 문에 기대어 서서 석양을 바라보며 서 있을 것이다. 해 뜨면 일어나고 해지면 잠자리에 들며 오염되지 않은 자연을 벗하며 살 수만 있다면 다행이 아닐 수 없다. 머리털만큼 많은 나날을 하루도 편히 보낸 적 없는 지난 세월, 그 세월을 추억 삼아 기억을 떠올리고 있다.

왜, 복희천왕은 자기 여동생과 근친혼으로 결혼 역사의 장을 열었을까? 같은 피는 배반하지 않을 것이라는 믿음 때문이었을까? 아마 이것은 신화가 아닐 것이다. 거부할 수 없는 인간 본성에 맞는 제도를 만들어 가족과 문중(門中)을 만들고, 겨레를 만들고, 오늘날의 민족이 된 것이 아닐까.

　역사를 되돌려 보면, 결혼을 사랑의 결정체로 보기 시작한 것은 인간이 사유를 시작한 때로 볼 수 있다. 결혼은 이성적인 사유와 감성이 만들어 낸 결과물로 볼 수 있다. 결혼의 유효기간은 부부 중에서 어느 한쪽이 사망했을 때 끝난다고 볼 수 있다. 이것이 인생행로의 끝이다.

　사랑의 변천사를 겪는 젊은 세대들은 문화의 흐름에 따라, 사랑과 연애, 심지어 결혼까지도 하나의 사회적 현상으로 본다. 오늘날 자본주의 사회에서 유행하는 결혼은 '사랑한다면 소비하라'는 바람에 환승 한다. 그것이 트렌드다.

　오늘날 우리나라에서 이혼이 가장 높이 나타나고, 비혼, 동거, 독신 등으로 치닫는 것은 단순히 삶의 즐거움을 선택하는 이유만은 아닐 것이다. 결혼은 뒤로 밀리고 계약 결혼 없는 동거로 생활이 바뀔 것이다. 이제 결혼은 인생행로(人生行路)에서 정해진 통과의례(通過儀禮)가 아니라, 불어오다 옆으로 빠져나갈 수 있는 바람이 될 것이다.
　결혼이 붕괴하여, 가정이 1인 독신체제(獨身體制)로 바뀌면서, 오작교(烏鵲橋)에서 견우와 직녀가 만나듯 남녀의 만남의 역사의 시작으로 보일 것이다. 지금의 결혼은 구시대의 유물로 남겨질 것이다. 견우와 직녀는 만나면 반드시 헤어져야 하고, 우리가 원하든 원하지 않든 1박 2일 동거 시대가 올 것이다.

지금 우리는 AI 시대에 진입했고, 아바타 인간과 동거를 시작한 시대에 와 있다. 남자는 아바타 부인과 살고, 여자는 아바타 남편과 살게 될 것이다.

인간과 인조인간의 동거는 어제오늘에 시작된 일이 아니다. 인조인간은 나를 화나게 하지 않는다. 내게 이념 따위를 강요하지도 않는다. 내게 돈을 벌어오라고 잔소리를 퍼붓지도 않는다. 그는 내게 무조건 복종한다. 내가 그렇게 만들기 때문이다.

인공지능(AI) 로봇을 소재로 한 영화 '엑스마키나(Ex Machina)'의 한 장면을 보면 외형적으로도 사람과 거의 흡사한 수준의 몸놀림을 볼 수 있다. 이제 로봇은 인간의 능력을 능가하는 소통을 할 수 있는 기술을 가지고 있다.

지난 2010년 오사카대학 이시구로 히로시 교수는 로봇 '제미노이드'를 내놓았다. 아직 실리콘 피부를 좀 더 사람처럼 만들어야 한다는 과제가 남아 있다. 그러나 자신이 추구하는 아름다운 여인과 함께할

날이 멀지 않았다는 것을 알고 있다.

인간은 남녀 로봇 인간을 만들어 로봇 가족을 보유(保有)할 수도 있을 것이다. 다음엔 하인의 수준이 아닌 진짜 인간과 같은 기량을 가진 로봇과 사랑을 공급받을 수 있는 로봇을 만들어 데리고 다닐 수도 있을 것이다.

예쁜 얼굴이나 표정, 지시에 따라 매끄럽게 움직이는 유연함 등, 해결해야 할 과제가 남아지만, 시간이 가면 이 문제도 해결할 수 있을 것이다. 지난 5년간의 로봇 인간의 진짜 인간화의 발전 속도에 비춰 볼 때, 진짜 인간화 로봇의 출현이 멀지 않을 것이라는 게 현지 업계의 분석이다. 앞으로 이루어질 로봇과의 결혼을 기대 해도 좋을 것 같다.

인간 배우자로 행복한 가정에서의 평화와 행복을 추구하던 시대를 끝내고, 인간보다 로봇과의 결혼이 더 어울리는 시대가 올 것이다. 일부 인류학자들은 언젠가 결혼이라는 제도 자체가 유명무실해질지도 모른다고 전망한다. 인간의 결혼은 앞으로 동거자나 비혼자나, 독거자가 로봇과 함께 독자적으로 해 나가는 삶 앞에서 무색해질 것이다.

알제리의 세계적인 석학 자크 아탈리도 '21세기 사전'에서 "2030

년이면 전통적인 결혼제도가 사라질 것"이라고 주장하기도 했다. 물론 반론도 만만하지 않다. 여기에는 인간 복제나 시험관아기, 인간과 로봇이 결합한 인간이 탄생하기 때문이라는 전망이 있기 때문이다.

결혼하여 새장에 갇히듯 자유를 잃고 가정을 갖게 되느니, 인간의 호기심과 본능이 만들어 내는 로봇과 동거하는 것이 건강하게 사는 한 방법이 될 것이다. 그러나 이러한 생활이 어떻게 발전해 갈지 아무도 알 수 없다.

결론으로 말할 것이 있다. 우리는 지금 자기 정체성의 존재에 대하여 아무런 고민 없이 사는 것이 아닌가 하는 의문이 떠오른다. 자기 정체성에 대한 고민이 없다면, 그것은 사람이 아니다. 사람은 자기 정체성에 대하여 끊임없이 고민하는 존재이기 때문이다.

의문을 가져야 할 것이 또 있다. 인구절벽시대 이후에 오는 세대에 대하여 아무것도 생각하지 않고 살아가는 것이 아닌가 하는 의문이다. 목적의식(目的意識)이 없이 살아가는 인간은 인간으로서 자격미달(資格未達)이기 때문이다. 그것은 전혀 책임감이 없는 인간들이다. 그런 인간들이 넘쳐나고 있다는 것은 이 나라가 멸망해 가고 있다는 증명으로, 오늘의 결혼 역사에 기록될 것이다.

참고자료

참고자료

김혜경, 〈부계 가족주의의 실패?: IMF 경제위기 세대의 가족주의와 개인화〉, 2013

김혜영, 〈1인 가구의 비혼 사유와 가족의식〉, 2007

변미리, 〈도시에서 혼자 사는 것의 의미: 1인가구 현황 및 도시 정책 수요〉, 2015

유정미, 〈독립과 연대로 준비하는 노후〉, 2012

호정화, 〈비혼과 1인 가구 시대의 청년층 결혼 가치관 연구〉, 2014

(자료 news1 2019.05.12.)
영남 TV 2021.01.27.
IT World 2015.11.17.
매일경제 2017.12.27.
조선일보 2021.9
2017.8. 조선일보

부도지

한단고기

진주소씨 족보 서문

< 글 출처 및 참고문헌 >

① L.H.가농& M.콜맨, 재혼가족관계, 김종숙 역, 한국문화사 (2003) p.15-16

② [헤럴드경제 =한지숙 기자], 美 결혼 커플, 10쌍 중 4쌍은 재혼, 2014-11-18

③ 통계청(2015) 이혼 혼인 통계 보도자료, 2016.04.17

④ 조은별 기자, [비바100] 현실 반영 세태… TV를 점령한 '돌싱'

콘텐츠, viva100.com , 2016-03-23

⑤ sbs, 재혼·이혼 드라마 급증, 왜?…적나라한 현실 공감, 2010-03-26

⑥ 김미리 기자, 이혼…재혼…삼혼/이혼 점점 '쿨'해진다, 조선일보, 2007. 이하 기사

⑦ 엘리자 베트벡-게른스하임, 가족이후에 무엇이 오는가?, 박은주 역, 새물결(2005) p.52

⑧ (서울=뉴스1) 이기창, [이기창의 사족] 하버드大가 78년 간 추적한 삶의 비결은, 2016.05.23 [조사는 대상자의 직업, 건강, 결혼과 가정생활, 사회적 성취, 친구관계 등 삶의 전반에 걸쳐 이뤄졌고 지금도 계속되고 있다]

⑨ 박동준 박미선기자, 숨길 게 뭐 있어 …
  '위풍당당한 재혼' 시대 , 일간스포츠, 2005.5.12 .

⑩ A.알바레즈, 이혼이야기, 심정인 역, 명경(1992) p.256

⑪ 주춘렬 기자, 세 번 씩이나 결혼하는 행운아(?)는 얼마나 될까,
  segye.com, 2009.10.21

⑫ 박동준 박미선 기자, 위의 글

⑬ 고재만 기자, '인생2막' 당당히 여는 재혼커플들, 매일경제,
  2008.05.17

⑭ 알렌로이 맥기니스, 사랑과 우정의 비결, 지상우외 공역. 크리스챤 다이제스트(1996)

⑮ 우원애 e뉴스 기자, 재혼여부 결정에 영향력 1위 男'본인판단'..반면 女는?, 2016.02.04 [온리-유가 비에나래와 공동으로 1월 28일 ~ 이달 3일 전국의 (황혼)재혼 희망 돌싱남녀 476명(남녀 각 238명)을 대상으로 '구정 등 명절 때 친지들이 가장 많이 하는 재혼성화가 무엇입니까?'에 대한 설문조사를 실시한 결과]

⑯ 조유경 기자, 애인 둔 이혼녀, 재혼하지 않은 이유 1위, 정말 그거야?, donga.com, 2016-03-10 [온리-유가 비에나래와 공동으로 3일~9일까지 전국 재혼 희망 돌싱남녀 466명(남녀 각 233명)을 대상으로 '전 배우자와 이혼한 후 교제한(하는) 애인과 재혼하지 않은 이유가 무엇입니까?'를 주제로 설문을 진행한 결과].

⑰ 뮤리엘 제임스, 결혼카운슬링, 우재현 역, 정암서원(1994) p.15

⑱ [윤희영의 News English], 75년 연구 끝에 밝혀낸 행복·건강 비결, 조선일보, 2016.02.18.

우번인사이트 입력 : 2016.06.10

결혼 없는
동거시대